科技文档写作实务

中兴通讯学院 编著

人民邮电出版社
北京

图书在版编目（CIP）数据

科技文档写作实务 / 中兴通讯学院编著. -- 北京 : 人民邮电出版社, 2013.8（2022.2重印）
ISBN 978-7-115-32074-2

Ⅰ. ①科… Ⅱ. ①中… Ⅲ. ①科学技术—应用文—写作 Ⅳ. ①H152.3

中国版本图书馆CIP数据核字(2013)第151637号

内 容 简 介

本书以“理论+实战”的方式，帮助读者在短时间内掌握科技文档写作要领，提高职场竞争力。全书系统地阐述了技术文档的概念、写作流程、质量要素及典型技术文档的写作方法。为了帮助读者更好地掌握这些原理，本书针对实际工作中经常使用到的需求说明书、概要设计、软件模块详细设计、测试用例、使用指导和故障处理进行专题介绍，从内容框架、写作过程、写作实例、写作要点和常见问题进行了详细说明。

本书既可作为产品研发和测试人员、售后支持人员及用户文档开发人员的培训参考用书，也可作为高等院校的教学用书。

◆ 编　　著　中兴通讯学院
　责任编辑　王建军
　责任印制　杨林杰
◆ 人民邮电出版社出版发行　　北京市丰台区成寿寺路 11 号
　邮编　100164　　电子邮件　315@ptpress.com.cn
　网址　https://www.ptpress.com.cn
　涿州市京南印刷厂印刷
◆ 开本：700×1000　1/16
　印张：12.5　　　　　　2013 年 8 月第 1 版
　字数：211 千字　　　　2022 年 2 月河北第 3 次印刷

定价：59.80 元

读者服务热线：(010)81055493　印装质量热线：(010)81055316
反盗版热线：(010)81055315

序　言

进入21世纪以来，科学技术日新月异，产品技术换代节奏加快，产品复杂性、集成化、智能化程度越来越高。新产品的开发通常涉及系统、硬件、软件甚至器件、元件和材料等方方面面；异地协同完成开发和加工制造的情况也很普遍；生产外包和服务外包更是需要企业内外的合作；产品的最佳效能需要在正确使用和维护中才能体现；用户对产品的功能和性能及使用方法的了解是关键。产品从创意到使用，涉及概念、计划、开发、验证、发布、运营维护等诸多环节，信息化产品在使用中往往还需要远程监控和联网软件升级。产品需要全生命周期的管理，贯穿其中的是科技文档，依靠科技文档实现在不同环节的知识传递和产品价值链的耦合，在企业与市场间架起桥梁。

一般来说，产品科技文档分为研发文档（需求说明书、概要设计、详细设计文档、测试用例文档）和用户文档（使用指导文档和故障处理文档）。不同的科技文档对应产品生命周期的不同阶段，面向不同对象的读者；不同的产品其科技文档的专业不同，但这并不意味着科技文档的随意性。好的科技文档要求明确、定义严谨、指标具体、方法直观、简洁规范、善用图表、易读而无歧义、可操作、可检验。但不少企业重技术产品的开发和生产，却轻文档的写作与管理，常常会面临文档之痛，即文档质量及管理滞后于产品，文档价值没有深入挖掘，知识没有得到及时固化；文档没有建立有效的传递渠道，甚至伴随人员流失而造成知识断档；更为严重的是可能引起产品的法律纠纷。这些都额外增加了企业内外沟通及运营成本。

科技文档写作的水平不仅反映了企业发展的成熟度，也是企业国际化水平的标志之一。高端国际市场对于科技文档的要求极为挑剔。国际大企业十分重视科技文档工作，微软、IBM、思科等在产品科技文档上下了很大工夫。在国际上，科技文档写作作为一个研究领域已经经过多年发展，目前已形成了完整的理论体系，例如Darwin Information Typing Architecture（DITA）写作理论。在高等教育方面，美国及欧洲的著名高校开设有科技文档写作课程，并且有对应的本科和硕士学位。同时，也出现了若干有影响力的科技文档写作行业组织，例如 STC 和 CIDM。国内对科技文档写作的研究和教育尚处于起步阶段，高校尚未设置科技文档写作专业，企业的工程技术人员也少有科技文档写作理论和经验的培训，多数企业没有专门的文档写作和管理岗位，这些现状远远不能满足日益迫切的科技文档需求。

在此背景下，此书的出版，其意义不言而喻。中兴通讯通过多年产品开发和国内外市场开拓，深感科技文档的重要性，深入研究国外科技文档的先进理论与经验，结合自身的实践，不断致力于提高科技文档的质量。本书理论结合实践，描述深入浅出，案例实用丰富，不论对于高校学子，还是期待更进一步提升文档写作技能的技术人员，都有很好的指导和借鉴意义。希望此书的出版，能够填补目前国内产品科技文档写作的空白，缩小与国外在科技文档写作领域的差距，为科技与文化的融合做出贡献。

中国工程院院士

编者序

科学技术是第一生产力，这已经成为有目共睹的事实。在科学技术的引领下，各行各业都在发生着深刻的变化。新技术、新知识的涌现令人目不暇给。也因此，更加凸显出知识传播和服务的迫切性和重要性。

作为中兴通讯的企业大学，依托中兴通讯的广阔平台和强大的技术力量，中兴通讯学院在知识传播和服务领域（文档和培训）积累了丰富的实践经验。中兴通讯学院秉承“专业、高效、融合”的理念，为社会各类客户提供有显著价值的专业知识服务和解决方案。近年来，中兴通讯学院利用已有的品牌影响力和平台资源优势，积极推进与企业、高校的深度合作。在与各类企业的合作中，推出面向企业在岗人员的素质类培训，帮助企业提升技术人员岗位技能、规划人员职业跑道、提升人力资源使用效率；在与各高校的合作中，特别关注毕业生的岗前教育问题，并由此针对性地提出了岗前培养方案。类似这种形式的合作，既符合学院的角色定位，实践了学院以知识回馈社会的愿景，也提升了就职者的竞争力，促进了企业和高校的良性发展，合作双方实现了“共赢”。

一方面，为了固化院企合作、院校合作的输出成果扩大学院知识传播的受益面；另一方面，也是为了改观用人单位岗位技能需求与求职者技能不匹配的现状。中兴通讯学院决定编写这本专题性书籍，将这些年我们在科技文档写作领域的知识积淀发扬光大。

本书籍写作团队汇集了文档开发部的资深文档专家，在中兴通讯持续的全球高端客户文档交付中，他们积累了丰富的科技文档写作经验，在科技文档写作领域有着深入的研究和丰硕的成果。同时，我们邀请到中兴通讯各领域的技术专家和文档专家对书籍内容进行了细致认真的审核。本书理论与实践并重，既有写作规范与技巧，供科技文档写作人员夯实基础并进阶提高；又给出了典型技术文档的实例，为相应岗位输出对应文档提供实际指导。本书易于理解，实例丰富，极富指导性与可操作性，我们期待以此书为契机提升国内对科技文档写作的关注，尽快缩小我们国家与国际先进科技文档写作水平的差距。

我们非常荣幸邀请到中国工程院邬贺铨院士为本书作序。感谢人民邮电出版社对于本书出版所给予的支持。再次感谢参与本书写作、评审和编辑的各方人员。

中兴通讯学院院长

2013 年 5 月 15 日

前　言

科学引领社会发展，技术推动时代进步。在科学技术的发展过程中衍生出了各式各样的文档，承担着固化知识经验、消除沟通壁垒的作用。科技文档发展至今，其影响、地位及意义已然越来越重要。

科技文档可概分为科研文档与技术文档，科研文档用于学术研究与传承，技术文档用于产品研制与使用，对于科技企业而言，贯穿整个产品生命周期的工作流正是由各类技术文档承接、传递、层层向前推进的。如果文档不完备、不实用、可读性差，就会直接造成企业信息传播渠道不通畅，额外增加企业内外的沟通成本，甚至影响到客户满意度乃至企业的品牌及口碑。目前，有不少企业在进军欧美高端市场时都面临着文档难以令客户满意的困境。这也使技术文档写作受到了越来越多的关注。

基本上，每一个技术岗位都有相应的技术文档写作要求。技术文档写作能力对于从业者的重要性不言而喻。与之形成反差的是，当前国内技术人员大多缺乏专业的文档写作培训，致使撰写的技术文档良莠不齐、难以参考。而技术文档相关的专业性书籍更是难以寻觅。中兴通讯学院曾力院长在进行高校交流时发现，很多高校已经意识到技术文档的教育缺失对于毕业生求职竞争力及职业胜任力的影响，并开始考虑设置相关课程的可能性。另外，出于对职业选择与职业发展的考虑，高校学生本身对技术文档写作能力的提升也有广泛的需求。基于上述原因，本书将聚焦技术文档，将其不同于一般科技文档的写作技巧及规范为读者逐一呈现，以填补国内技术文档写作书籍的空白。

本书共分为 5 个部分。

（1）概述篇

该篇介绍技术文档的概念、现状及意义，帮助读者澄清技术文挡的范畴，了解技术文档的特性及形式，主要回答“技术文档是什么”的问题。

（2）基础篇

该篇介绍技术文档写作的通用流程，帮助读者了解写作过程，建立写作模型，主要回答“技术文档怎么写”的问题。

（3）进阶篇

该篇详细介绍高质量技术文档需要满足的三要素（实用性、可读性、舒适性），帮助读者理解技术文档的特性，提升文档写作质量，主要回答“技术文档怎么写好”的问题。

（4）实战篇

该篇介绍典型技术文档的定位、框架、写作过程、实例、要点及常见问题，帮助读者快速掌握特定类型技术文档的写作技巧。主要是将理论付诸实践，对前 3 篇的理论知识进行实施与应用。

（5）附录

这部分介绍技术文档常见的主题类型，帮助读者认识概念、任务、参考主题的适用场景和特点。主题类型是目前国际上对技术文档比较通用的一种划分形式，相关信息供读者参考。

本书由中兴通讯学院文档开发部苏容策划。由朱立葭和柏杨负责全书的编写组织、整理和统稿工作。概述篇由朱立葭和沈贝贝编写，基础篇由黄峰、张念涛、刘勇、朱立葭编写，进阶篇由周方英、高岭、柴伟红、张帆、杨杨、魏云编写，实战篇由郭慧艳、周方英、柴伟红、张帆、左玉平、杨杨、周晓英、莫胜华编写，附录由刘勇编写。各部分书稿由赵少卓合并排版。

此外，文档开发部赵海军给予了大力支持，同时，效新歌、梁亚彤、张礼军、李昆、骆黎明、黄珏、许国安、陈雪蓉、徐晓静、唐芸、高晓霞、姚宇鹏等同事也参与了本书的相关研讨和审核等工作，在此表示感谢。

感谢中兴通讯战略规划部黄新明在本书出版过程中给予的大力支持，感谢中兴通讯的程金兰、程均、程智刚、洪伟栋、贾名宏、刘福强、刘佳飞、刘志国、吕贵林、罗能、任新华、邵会勇、孙先江、王东旭、王福润、王世杰、夏晓明、许峰、杨瑞建、杨若旭、杨万祥、叶忠明、向轶杰、周昆、周永康、朱广亮（以上人员按姓名的拼音首字母排序）等各领域专家参与了本书的评审，为本书的完善提供了宝贵的意见。

由于编者水平有限，书中错误在所难免，恳请读者批评指正。对于本书的任何意见和反馈，欢迎发送至我们的电子邮箱：doc@zte.com.cn。

作者

2013 年 5 月 15 日

目　录

概述篇

1.1 什么是技术文档

1.1.1 技术文档的定义

技术文档属于科技文档范畴，我们先来了解一下什么是科学、技术、科技文档和技术文档。

科学是人类在长期认识和改造世界的过程中所积累起来的认识世界事物的知识体系。技术是指人类根据生产实践经验和应用科学原理而发展成的各种工艺操作方法和技能，以及物化的各种生产手段和物质装备。科学和技术相辅相成，科学是技术的理论指导，技术是科学的实际运用。

科学技术文档（简称科技文档）以客观严谨的语言记录科技事实、沉淀科技经验、发表科技成果和传递科技信息，是科学技术知识体系的重要组成部分。其中，技术文档从属于科技文档，技术文档偏重实践经验、操作方法的介绍，对实际生产生活具有较强的指导意义。

1.1.2 技术文档的范畴

随着现代科技的飞速发展、产业化进程加速和社会分工日益细化，技术文档的应用领域越来越广泛，其分类方法也日益繁多。在产品研发和制造领域，技术文档分为两类：一类指产品开发中要用到的研发文档；另一类是面向产品用户的用户文档，如图 1-1 所示。

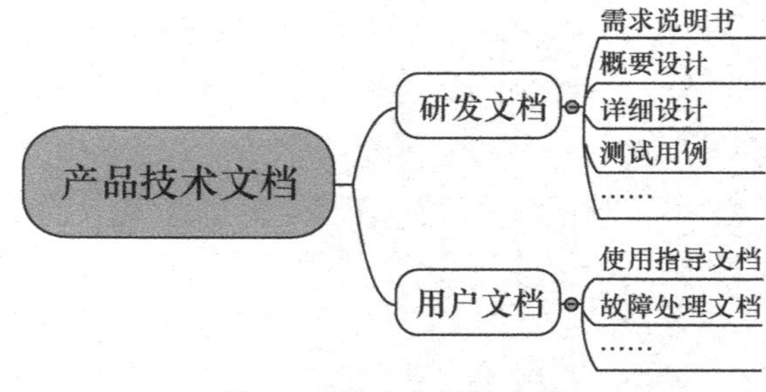

图 1-1　技术文档的分类

产品生命周期通常包括以下 6 个阶段：概念、计划、开发、验证、发布、运营维护。技术文档贯穿整个产品生命周期：在产品研制阶段，技术文档伴随研发活动输出、记录和传递产品开发信息；在产品运维阶段，技术文档为用户使用和维护产品提供指导。图 1-2 列举了一些典型的技术文档和产品生命周期的关系。

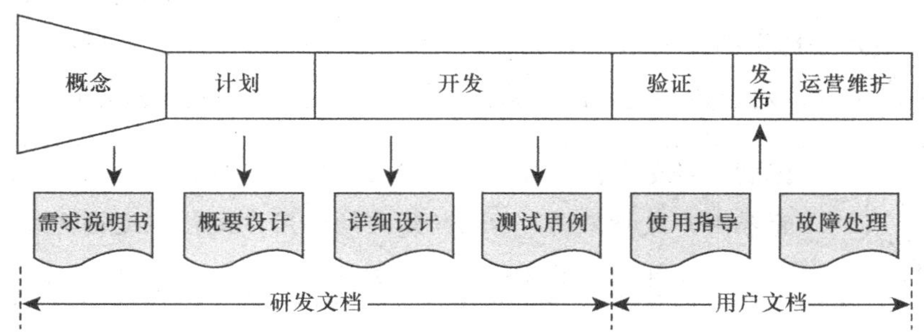

图 1-2　技术文档与产品生命周期的关系

（1）研发文档

研发文档指产品研发过程中使用的文档，用于详细记录产品的研发目的、研发时限、实现方法、设计要求等。读者一般是与该研发项目有直接关系的、具有一定技术能力的工程师。研发文档作为项目执行的参考，为项目的如期完成、质量跟踪以及后续发展等问题提供文字上的依据。

典型的研发文档包括以下 4 种。

- 需求说明书：体现需求获取和需求分析的结果，用于向系统设计人员传递开发需求。
- 概要设计文档：主要描述系统的总体实现方案，建立系统的逻辑模型，定义系统的布局、各个子模块的功能和模块间的关联、本系统与外部系统的关系等。
- 详细设计文档：对产品某一部分、模块、功能等的设计思想进行详细说明。
- 测试用例文档：描述产品的测试任务，体现测试方案、方法、技术和策略。测试用例文档是测试的依据和标准，用于指导测试执行者按用例项目和测试步骤逐一实施测试。

（2）用户文档

用户文档详细解释产品的具体使用操作方法、功能原理、故障处理、安全提示、服务信息等。读者一般是产品用户、技术支持工程师和售后服务人员。用户文档作为产品和用户沟通的桥梁，为产品的长期维护和发展提供良好的保障。

典型的用户文档包括以下两种。

- 使用指导文档：用于指导用户完成某项操作，这种操作具有明确的、有意义的目的，如指导用户完成安装过程，指导用户实现产品某功能的操作过程。
- 故障处理文档：列出大多数常见故障及解决方法，便于用户对照文档查找并排除故障。对于较难定位的故障，需要给用户提供售后联系方式。

说明：研发文档包含在研发过程管理中，在目标对象和内容等方面和用户文档不同，所以研发文档和用户文档在文档开发流程上存在一些区别，具体请参见基础篇“2.1　技术文档写作流程”。

1.1.3　技术文档的特征

技术文档具有以下特征。

- 针对性：技术文档要有明确的读者对象，针对不同类型和层次的读者，文档内容和深度均不相同。
- 专业性：技术文档不同于小说、散文等文学作品，其内容一定会涉及某个技术领域的专业知识，有些技术文档甚至要求读者具备一定的专业背景才能阅读。
- 功能性：技术文档的存在，一定是以解决实际问题为目的，具有帮助读者学习技术知识、正确使用产品、顺利完成任务的功能。
- 规范性：技术文档使用的语言要严谨规范，使用统一的规范术语和缩略语，遵循行业标准，套用固定的技术文档模板。

1.1.4　技术文档的多种形式

技术文档通常包括以下 5 种呈现形式。

- 电子文档：电子文档一般以 PDF 形式给读者阅读。当有多篇文档时，为了方便读者查阅和检索，也可以组织在电子光盘中。
- 纸质文档：由电子文档印刷而成的纸质文件提供给读者阅读。
- 多媒体文档：采用多媒体视频动画或者多媒体交互形式来展示文档内容，趣味性强，互动体验强，给读者深刻的印象。
- 联机帮助：一般和软件产品集成发布，它提供了一个面向任务的帮助信息查询环境，读者可以在使用产品过程中随时查询有关信息。

- 移动互联网文档：随着移动互联网技术的不断发展，读者在移动互联终端（如手机、平板电脑）上阅读文档成为一种新的体验需求，需要将技术文档发布成适合移动互联网传播和阅读的电子书或者应用程序（APP）。

技术文档通常包括以下 4 种开发形式。

- Word 开发形式：这是目前最普遍的文档形式，大多数采用微软公司的 Microsoft Word 来进行文档开发，应用广，通用性好。
- XML 开发形式：采用 XML 结构化的标记语言来进行模块化的文档开发，实现了内容与样式的分离，方便内容重用，适合多人协作开发文档，能同源输出多样化的输出物（如 PDF、CHM、HTML 和 RTF）。
- 图形图像工具开发形式：采用专业的图形图像工具（如 CorelDraw、Adobe Illustrator、Adobe Photoshop 等）来进行图像文字处理、版面设计。这种形式开发的文档排版美观、图文并茂，例如快速使用指南通常采用这种开发形式。
- 多媒体开发形式：采用专业的多媒体工具（如 Flash、3D Studio Max、Maya 等）来开发多媒体文档。多媒体文档包含有丰富的视频、声音、图形、文字和动画。

1.2 技术文档写作的国际国内现状

在国际上，技术文档写作作为一个研究领域已经得到了多年的广泛关注和迅速发展，目前已经形成了完整的理论体系，例如 Darwin Information Typing Architecture（DITA）写作理论。在高校教育方面，美国及欧洲已有相当多的著名高校设置技术文档写作课程并且有对应的本科和硕士学位。在企业实践方面，技术文档在许多顶尖高科技企业（如微软、IBM、思科）得以很好的应用和发展。同时，也出现了若干个有影响力的技术文档写作行业组织，例如 STC（Society for Technical Communication，技术传播社团）和 CIDM（Center for Information-Development Management，信息开发管理中心）。

反观国内，对于技术文档写作的研究和教育尚处于起步阶段。虽然部分高校有科技英语专业，但普遍缺乏紧跟国际发展趋势的技术文档写作专业教育，国外先进的写作理论和实践经验在国内技术人才中间尚需普及，国内也没有形成有规模的技术文档写作行业组织或协会。这些现状远远不能满足日益加速的技术文档需求。

1.3 技术文档写作的重要意义

写好一篇优秀的技术文档，需要扎实的写作能力、良好的沟通能力、出色的学习能力和严谨的分析能力。如果技术人才具备这些能力，无疑能使个人在职业道路上迅速成长，适应各种各样的挑战。

技术文档写作能力的提升不仅能够提升技术人才的职业竞争力，更对企业的发展有着重要意义。技术企业的发展过程，同时也伴随着建立系统的技术文档体系的过程。技术文档贯穿整个产品生命周期，通过构建技术文档体系，对内可以提供完整的知识传递、知识积累和信息管理；对外可以提供给用户产品生命周期所需的文档和培训教材。

在企业研发和生产过程中，常常会面临一些文档问题，例如：

- 文档价值没有深入挖掘；
- 技术经验没有及时固化共享；
- 文档没有建立有效的传递渠道，甚至伴随人员流失造成知识断档；
- 额外增加企业内外部的沟通及培训成本。

技术企业要实现与世界接轨，就要能够应对来自技术文档领域的挑战。国内一些率先走出国门的企业在进行国际市场开拓时发现，高端国际市场对于技术文档是极为挑剔的。因此，技术文档写作的专业化水平不仅是衡量企业发展成熟度的一个指标，更在企业国际化的进程中发挥着至关重要的作用。

基础篇

2.1 技术文档写作流程

本节介绍的技术文档的开发流程，不仅是指技术文档的内容如何编写，而且是从专业的、全流程的文档开发角度来介绍技术文档的开发流程。

大型产品的技术文档有几十本甚至上百本，单靠一个人的力量无法在规定的时间内高质量地完成，是需要一个团队协作完成的。

从专业的技术文档开发角度来看，特别是团队化的技术文档开发，技术文档的编写只是文档开发流程中的一环，真正意义上的高质量技术文档的开发是一个复杂的流程，包括以下几个环节：

- 需求分析；
- 架构设计；
- 文档写作；
- 质量控制；
- 文档发布；
- 文档交付；
- 文档维护。

说明：研发文档通常是伴随着相关的研发活动一起输出的，研发文档的目标对象、内容要求以及交付时间点均包含在研发过程管理要求中，因此，一般情况下不需要单独对研发文档进行需求分析和架构设计。

技术文档的开发流程如图 2-1 所示。

下面对技术文档开发流程的各环节分别进行介绍。

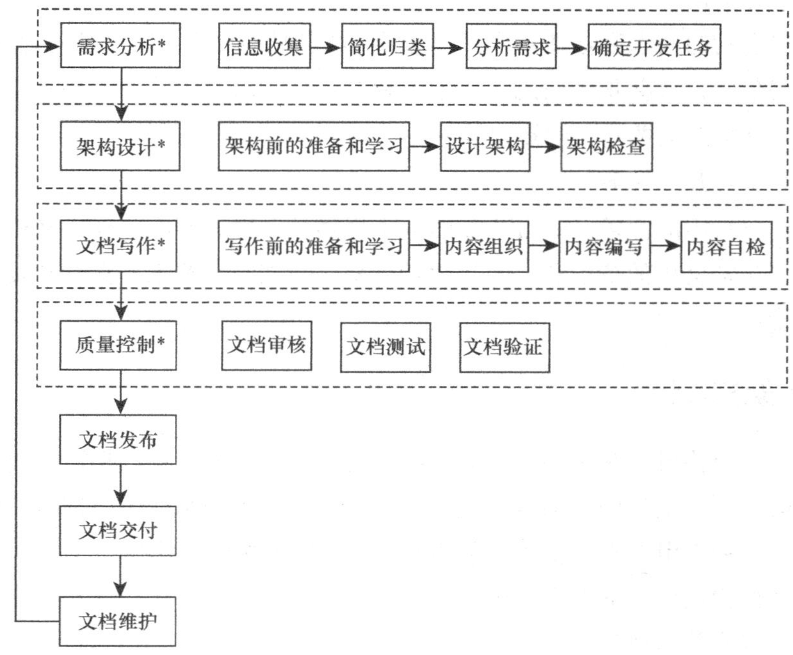

图 2-1 技术文档的开发流程

2.1.1 需求分析

需求分析是指对搜集来的需求和信息进行详细合理的归纳和分析，结合产品的实际信息，识别读者的真正要求，确定文档开发任务。

需求分析是技术文档开发的一个关键环节。如果在需求分析时未能正确地识别出读者的真正要求，那么将导致最后输出的文档内容不能令读者满意，或者文档交付时间不满足读者要求。

完整的需求分析是一个先归纳后分析的过程，主要包括以下 4 个步骤。

（1）信息收集

需求分析的第一步就是搜集和了解相关需求，包括读者信息和文档需求。读者信息包括工作岗位、技能水平、阅读习惯等。文档需求包括读者使用文档的目的、场景，要求的文档交付时间等。

（2）简化归类

对搜集的需求进行简化，去掉修饰和冗余的信息，保留核心思想，然后按照一定的逻辑范畴将信息进行归类分组，使杂乱的信息有条理。

（3）分析需求

对整理后的需求进行具体分析，包括读者自身的分析，以便过滤无用信息，化解冲突信息，合并重复信息，识别读者的真正需求及需求的重要程度，将需求转换为文档中需要落实的知识点。

（4）确定开发任务

根据分析出的需求，结合产品的版本规划及人力等情况，确定文档的开发任务书（包括文档的范围和目的、读者对象、文档内容要求、文档开发计划、设备环境使用计划等）。

2.1.2 架构设计

文档的架构设计是指将需求分析结果与产品相结合，将文档需求转换为文档架构的过程。文档的架构设计是技术文档开发流程中承上启下的核心环节，与技术文档的实用性密切相关，是编写高质量技术文档的基础。

文档架构包括以下主要工作。

（1）架构前的准备和学习

在设计文档架构前要先了解产品相关知识，如新增或变更的功能、功能的实现原理等，学习企业内的相关标准、规范，对于用户文档，还要学习和了解目标读者所遵从的国家标准（如 GB/T 9969）及行业标准（如 GR 454）。

（2）设计架构

根据文档开发要求，结合产品的特性，同时遵循相关标准，完成从文档需求到输出技术文档的架构，确定文档体系的组织、文档的大纲和主题（Topic）的划分。

（3）架构检查

架构设计完成后要进行文档架构的检查，检查架构是否符合读者需求以及相关标准，并根据检查结果进行修改完善，确保文档架构的正确。

文档的架构检查一般是通过多方评审的方式进行的。

2.1.3 文档写作

文档写作是指依照设计出的文档架构，遵循既定的文档写作规范，进行文档的具体内容的编写。文档写作是技术文档开发流程的主要环节。

很多时候，技术文档是有比较成熟的模板的（如大部分的研发文档），在进行文档写作时可以使用模板，这样可以更好地提升文档写作的质量和效率。

文档写作并不是一蹴而就的，写作时要注意不断推敲和修订，以满足读者需求。文档写作包括以下主要工作。

（1）写作前的准备和学习

在文档写作前要先了解文档需求、相关知识、规范，研读相关素材，为文档写作打下好的基础。

（2）内容组织

在正式进行文档写作前要先对内容进行梳理，按照文档架构的设计思路来组织所要编写的内容。

在此过程中，可能会根据产品的实际情况对文档的架构进行细化和完善。

（3）内容编写

依照写作规范和写作技巧进行文档内容的具体编写，输出文档。

特别是用户文档，需要对编写的内容进行实际的操作，以保证文档的正确性。例如，编写操作指导文档时可能需要对设备进行实际操作。

（4）内容自检

在内容编写过程中及内容编写完成后，要对文档进行反复的检查修订，解决写作中的各种问题（如文档内容错误、产品界面变化、遗留问题等），对输出质量负责。

2.1.4 质量控制

质量控制是整个技术文档开发流程中重要的环节，是保证文档质量的必须手段。质量控制环节中发现问题后，要进行修改，直至问题解决。

技术文档的质量控制主要有以下 3 种方式：

- 文档审核；
- 文档测试；
- 文档验证。

对于研发文档来说，主要是通过文档审核的方式进行质量控制。用户文档可以采用其中的一种方式，也可以同时采用多种方式进行质量控制，主要是根据用户文档的类型和质量要求来决定。

文档的质量不像产品的外观或包装那样一目了然，它属于隐藏的属性，并且文档的质量控制需要投入较大的资源和时间，很多时候，质量、时间进度、投入资源三者之间是相互制约的。为此一些产品开发团队会将技术文档的质量控制环节进行裁剪，但是这么做是得不偿失的，文档的质量问题迟早会暴露，一个错误后续可能要花数倍甚至数十倍的代价去填补。所以及时并认真地进行文档质量控制是不能省略的。

2.1.5 文档发布

文档写作和质量控制完成后，下一步就是发布为真正要交付给读者的文档了。文档的表现形式有多种，如 PDF、HTML 等，可以根据不同读者的需求或者企业的统一要求，对文档内容进行组织和包装，发布为不同的文档呈现形式。

一般来说，研发文档主要在企业或项目内部使用，所以对于文档的组织和包装没有特别要求，这一环节基本可以省略。

2.1.6 文档交付

技术文档完成之后，还需要交付到读者手中。开发文档的目的就是给读者阅读的。

文档交付的途径有多种。对于研发文档，由于文档读者是企业或项目内部人员，所以一般采用内部服务器共享文档的方式进行交付；对于用户文档，可以采用网站交付或直接寄送的方式。

不管哪种交付途径，都应该能让读者及时和方便地获取到文档。如果交付不及时，也就失去了交付的意义。

2.1.7 文档维护

文档交付给读者之后是否就已经结束了呢？答案是否定的。

很多时候，一方面，为满足市场需求或功能改进的需要，软件或产品在不断地更新（例如手机的操作系统版本的不断更新），对应的技术文档也需要及时地维护和更新。另一方面，原有的技术文档可能会存在一些错误，也需要维护修订。

技术文档的一些维护修订可能需要重新进行需求分析和架构设计，而不仅仅是文档写作环节。

更新和修订后的文档依然要及时地交付到读者手中。

2.2 需求分析

我们在编写技术文档时，首先需要做的就是进行需求分析。本节将介绍如何通过信息的收集、简化和分析来确定文档的知识点和文档开发任务。

2.2.1 信息收集

需求分析的前提是搜集文档相关信息，包括读者信息和文档需求信息。

2.2.1.1 收集读者信息

读者信息包括：

（1）读者的工作岗位

技术文档常用于传递实践经验和方法，因此需要了解读者的工作岗位，这样有益于写出读者感兴趣的内容。

例如，写一套通信设备的文档，如果读者对象是维护工程师，这样的文档重点在于写清楚如何对设备进行排障、检修；如果读者对象是安装工程师，重点就要在设备的安装方面。

（2）读者的知识背景

读者的知识背景决定了写作深度。如果技术文档写给非专业人士看，可能只需写一篇科普型文档便可，但如果是给业内专家看，则必然需要写得很深入透彻。

（3）读者的阅读习惯

不同的读者有着不同的阅读习惯。例如，欧美国家的读者习惯于通过索引检索知识点，而中国读者习惯于通过目录或顺序阅读查找知识点。在写作文档前，需要对这些习惯进行了解，才能写出让读者满意的文档。

2.2.1.2 收集文档需求信息

在了解了读者对象后，需要获取文档需求，包括：

（1）了解原始需求

原始需求指需要文档的原始动机。原始需求包括内部需求和外部需求。外部需求指读者需要文档达成什么目标，内部需求则是作者需要通过文档传递什么信息。

例如，读者需要安装某公司的一套设备，因此他需要该设备的安装手册，那么需要安装设备就是他的原始需求。了解了原始需求才能更好地写作文档，帮助读者达成预定目标。

（2）文档使用场景

文档使用场景是指影响读者使用文档的环境条件，包括自然环境、事件背景、工具配备、时间限制等。例如，写一篇通信设备的维护类文档，就需要了解使用该文档的场景。在实验室有更多的专业工具仪表，可以解决较复杂的故障，文档可以写得深入、全面；在设备机房现场条件有限，文档应专注于现场能解决的简单故障。

（3）文档特殊需求

有时候读者对于文档可能有些特殊需求，例如文档格式、印刷尺寸、发布形式等，也需要在写文档前了解清楚。

例如，有的读者希望印刷出来的文档尺寸足够小，这样可以放在口袋中，可随时查阅。这样就需要将文档做成“口袋书”，方便读者携带。

（4）交付时间点

读者需要文档交付的时间点，便于后续制订文档开发计划。

2.2.1.3 信息收集表

为了方便记录收集的读者信息及文档需求，可以使用表2-1所示的信息收集表。

表2-1 信息收集表

类别	项目	主要内容
读者对象	工作岗位	
	知识背景	
	阅读习惯	

续表

类别	项目	主要内容
文档需求	原始需求	
	文档使用场景	
	特殊需求	
	交付时间点	

2.2.2 简化归类

当获取文档需求后，需要对这些杂乱无章的需求信息进行简化，然后归类。

简化需求就是砍掉修饰和冗余信息保留核心思想，需求归类就是将某些需求划归某一逻辑范畴，这样可以使杂乱的需求有条理。下面用一个例子来说明如何对需求信息进行简化归类。

下文是某报告材料摘取的一段文字。

> 客户对用户手册需求。
>
> 1. 产品更新后，若涉及手册变更，希望手册能及时更新，并及时传递变更信息给我们。
>
> 2. 用户手册的数据要经过严格验证，数据要实际反应产品能力，不能夸大数据也不能刻意缩小某些数据。
>
> 3. 我们对用户手册有交付时间要求，希望用户手册交付时间不能太迟。
>
> 4. 希望手册中的数据前后要一致，不能同一本手册或同一套手册数据前后矛盾，这样会影响手册使用。
>
> 5. 现场安装场景可能有几种，手册中要考虑实际的安装场景，这样才能更具指导意义。
>
> 6. 手册中的数据出现一次便可，不要同一数据出现在手册多个章节中。
>
> 7. 操作维护类手册，要有醒目的安全注意事项提示，否则操作时易发生事故。
>
> 8. 文档中文字描述不能太多，文字太多会比较枯燥，希望能适当配些图表，这样阅读起来较有条理。

显而易见，这些需求冗长且杂乱无章。

2.2.2.1 简化需求

首先，需要对这些需求进行简化。

客户对用户手册需求。

1. 产品更新后，若涉及手册变更，希望手册能及时更新，并及时传递变更信息给我们。

2. 用户手册的数据要经过严格验证，数据要实际反应产品能力，不能夸大数据也不能刻意缩小某些数据。

3. 我们对用户手册有交付时间要求，希望用户手册交付时间不能太迟。

4. 希望手册中的数据前后要一致，不能同一本手册或同一套手册数据前后矛盾，这样会影响手册使用。

5. 现场安装场景可能有几种，手册中要考虑实际的安装场景，这样才能更具指导意义。

6. 手册中的数据出现一次便可，不要同一数据出现在手册多个章节中。

7. 操作维护类手册，要有醒目的安全注意事项提示，否则操作时易发生事故。

8. 文档中文字描述不能太多，文字太多会比较枯燥，希望能适当配些图表，这样阅读起来较有条理。

简化

1. 更新要及时。
2. 数据要可靠。
3. 交付时间要准时。
4. 数据不能矛盾。
5. 需考虑安装场景。
6. 数据不能重复。
7. 突出安全事项。
8. 多用图表。

2.2.2.2 需求归类

接下来，将上述简化需求进行归类，见表 2-2。

表 2-2 简化需求归类

简化的需求	所属类别
• 更新要及时 • 时间不能太迟	时间点要求
• 数据要可靠 • 数据不能矛盾 • 数据不能重复	数据要求
• 需考虑安装场景 • 突出安全事项 • 减少文字	内容要求

需求信息归类需要遵循如下 3 个原则。

（1）每类需求信息必须属于同一逻辑范畴

同一逻辑范畴是指某些信息在某方面具有共同属性。下面举例进行说明。某文档的需求信息：

1. 描述机柜安装过程要多配些插图。
2. 补充设备抗震级别的参数。
3. 描述系统结构时增加些细节放大图。
4. 维护油机的步骤中，需要搭配标出检测点的插图。
5. 描述机柜安装时，需要给出机柜尺寸参数。
6. 维护监控模块的步骤中，需要补充参数校对的操作。

这些需求信息初看杂乱无章，条理不清。仔细分析发现，这些需求可按安装类、维护类和描述类 3 类逻辑范畴进行分类。

安装类：
1. 描述机柜安装过程要多配些插图。
2. 描述机柜安装时，需要给出机柜尺寸参数。

维护类：
1. 维护监控模块的步骤中，需要补充参数校对的操作。
2. 维护油机的步骤中，需要搭配标出检测点的插图。

描述类：
1. 补充设备抗震级别的参数。
2. 描述系统结构时增加些细节放大图。

显然，分类后的需求条理清晰。

（2）分类的方法不是唯一的

分类的方法不是唯一的，上例中的信息还可以按照以下逻辑范畴进行分类。

参数类：
1. 补充设备抗震级别的参数。
2. 描述机柜安装时，需要给出机柜尺寸参数。
3. 维护监控模块的步骤中，需要补充参数校对的操作。

图形类：
1. 描述机柜安装过程要多配些插图。
2. 描述系统结构时增加些细节放大图。
3. 维护油机的步骤中，需要搭配标出检测点的插图。

（3）分类要符合 MECE 原则

分类要符合 MECE（Mutually Exclusive Collectively Exhaustive，相互独立，完全穷尽）原则。也就是意味着同类需求信息要全面、周密归类不能有遗漏，同类需求信息有明确区分不存在重叠。

2.2.3 分析需求

通过分析需求可以实现以下几个目的。

（1）过滤无效需求

对于无法实现或冗余需求给予剔除。

（2）将需求转换为文档中需落实的知识点

需求需要转换成文档中的知识点，然后通过文档的表达来满足读者的需求。

例如，读者希望在文档中描述部件更换的内容。这个需求很简单，但要想转换为文档知识点则需要仔细分析。首先需要考虑哪些部件可以更换，通常在什么时候什么地点进行更换，如何更换。

（3）明确需要收集的文档素材

通过对需求进行详细分析可以大致了解文档写作需要哪些素材，这样便于提前准备，不影响文档写作进度。

（4）为文档写作提出写作要求

有的需求可能是对整个文档样式、写作风格等提出了要求。例如，英美国家希望文档中的度量衡为英式度量衡，这种需求为后续文档写作提出了约束。

需求分析的第一步是对需求进行过滤，将冗余需求和无效需求全部过滤，从中提炼出有效需求。

经过需求过滤后，对有效需求分析最主要的方法是“5W+1H 分析法”。“5W+1H 分析法”内容说明参见表 2-3。

表 2-3　5W+1H 分析法的内容

名称	说明
Who	事件实施者
When	事件发生时间
Where	事件发生地点
What	事件
Why	事件发生原因
How	事件如何发生

我们将上面提到的需求“希望在文档中描述部件更换的内容”用“5W+1H

分析法”进行分析，参见表 2-4。

表 2-4　“5W+1H 分析法”举例

名称	分析
Who	进行部件更换的维护人员（读者）
When	部件发生故障时
Where	设备所在地
What	更换部件
Why	部件发生故障，需及时更换，否则会对设备造成损害
How	部件更换的操作步骤

通过表 2-4 的分析，便可以引出大量信息。例如，维护人员（读者）的工作内容，知识水平，阅读习惯，什么时候进行部件更换，部件更换通常的操作场景有哪些，如何更换部件，为什么要更换部件……这些信息正是文档写作所需的知识点，这为后续架构设计和文档写作打好了坚实基础。

下面对其他几种常用的需求分析方法进行简要介绍。

（1）继承法

有些技术文档在写作之前可能会有相应的模板、上一版本可供使用。这种文档需要继承模板或上一版本中的一些需求，这样可以减少很多需求分析的工作。当然，继承这些需求时也需要用过滤法进行过滤，将不适合当前版本的需求过滤。

（2）关联法

需求收集阶段无法收集齐全文档开发需要的知识点，因此作者需要根据某一核心需求引出其他相关需求。

关联法是指在实现某一需求时可以联想到与其相关联的一些需求。例如，某手机的使用手册，某用户需要了解使用 QQ 聊天的操作方法。作为作者可能就需要联想到如何从网上下载应用程序、如何安装手机软件、如何卸载手机软件、如何输入文字、如何切换输入法等。

（3）借鉴法

借鉴法是指借鉴其他已有同类型文档中的一些需求。在实际写作中通常收集不到非常全面、完整的需求，如果仅仅按照搜集来的文档需求来写，那么文档的知识点会很片面而且发散。通过借鉴同类型成熟文档的知识点，不仅可以丰富文档内容，使文档的知识点更完整，同时也可减少需求分析的时间。

2.2.4 确定文档开发任务

分析需求完成后，需要根据分析结果进行任务规划，将文档开发要求传递到架构规划和文档写作等后续环节。文档开发任务主要内容包括以下几个方面。

（1）文档内容规划

完成需求分析后，需要对文档写作内容有一个粗略的规划，主要规划该文档需要实现的功能模块以及预计的写作规模。如果该文档包括的内容过多或需要面向不同的读者对象，可以拆分成几个文档来实现。对文档内容规划便于后续预估整套文档的开发工作量。

表 2-5 为某文档的内容规划表，该文档包括产品描述和安装手册两篇文档。

表 2-5　文档内容的规划

文档名称	功能模块	预计规模
产品描述	产品简介	10 页（A4）
	系统结构介绍	25 页（A4）
	技术规格介绍	5 页（A4）
安装手册	机柜安装	8 页（A4）
	模块安装	12 页（A4）
	线缆连接	15 页（A4）

（2）人力资源分配情况

人力资源分配主要用于预估工作量，明确各模块文档负责人，这样便于按时保质交付文档。人力资源分配需要根据文档内容规划表制定。表 2-6 为某篇产品描述文档的人力资源分配表。

表 2-6　人力资源分配表

文档名称	功能模块	预计规模	预计工作量	负责人
产品描述	产品简介	10 页（A4）	24h	张三
	系统结构介绍	25 页（A4）	40h	李四
	技术规格介绍	5 页（A4）	24h	王五

（3）设备环境使用计划

如果写作文档时所需设备环境资源紧缺，也需要根据具体情况制订一个设备环境使用计划。

（4）质量控制措施

为了保证文档质量，需要事先确定质量控制措施。文档质量控制主要措施有文档评审、文档测试、文档验证，详细请参见“2.5　质量控制”。

（5）文档开发计划

文档开发计划主要在于加强过程控制，在文档开发过程中及时预防和规避风险。开发计划将文档开发过程划分成若干阶段，并明确了各阶段主要任务和时间点。

表 2-7 为某文档开发计划。

表 2-7　　文档开发计划

阶段	主要任务	完成时间
需求分析	完成需求分析，制定开发任务	2013-2-16
架构设计	完成文档架构设计	2013-3-01
文档开发	完成文档开发，输出经过评审的文档	2013-3-20
质量控制	文档经过测试并将所有测试发现的问题修改完成	2013-4-16
文档发布	将文档发布为所需的呈现形式	2013-5-10

2.3 架构设计

通过需求分析，确定了文档开发任务。在架构设计阶段，首先将需求分析结果与产品相结合，确定文档体系的组织、文档的大纲和主题（Topic）的划分。其次，细化各知识点的写作要求，以指导文档写作环节。

2.3.1 架构前的准备和学习

在进行架构设计前，首先必须获取需求分析的结果，了解读者的需求，其次必须对产品相关知识有非常透彻的了解。在此基础之上，才能设计出完整、正确、结构清晰的文档架构。

需要提前学习了解的知识主要包括以下几个方面。

- 产品介绍，如产品定位等；
- 产品变更，如新增或变更的功能清单；
- 产品常用操作或维护；
- 产品相关技术，如手机产品相关的通信技术原理等；
- 目标读者遵从的国家标准（如 GB/T9969）、行业标准（如 GR454）、企业标准。

在进行架构设计时，要站在读者的使用角度思考。然而，很多时候读者的需求并不完整，不能完全覆盖产品功能。因此，架构设计的时候，首先要包含读者的需求，其次，也要包含读者未知但能给读者带来价值的知识点。

2.3.2 设计架构

2.3.2.1 构建知识地图

知识地图是一种知识导航系统，用于进行主题的管理，它包含读者所需的全部知识点。知识地图还规定了每个知识点的主题类型以及写作要求，用于指导作者。

知识地图的构建，有专业的文档写作工具（如 Arbortext Editor），也可以使用 Excel 工具来实现。图 2-2 为运用 Excel 编写的知识地图示例。

创建知识地图的步骤如下。

（1）分解主题

首先将需求分析结果与产品相结合，确定知识地图中包含的所有知识点。

然后，将知识地图中包含的知识点按照一定的维度进行分类并逐级进行分解，例如可以按照用户需求及产品特性进行分类，也可以按照产品功能及业务流程分类，如图 2-2 所示的 Level 1～Level 3。这个过程确定了文档体系的组织、文档的大纲和主题（Topic）的划分。

最低级别的知识点我们称为“主题”。主题必须具备一定的独立性和完整性。每个主题要能独立地表达一个完整的内容或是描述一个完整的任务。

同一个主题，应该只在知识地图中出现一次，确保唯一性。

Level 1	Level 2	Level 3	主题类型	作者	审核	写作要求
产品描述						
	产品简介					
		产品定位	概念	张三	王五	介绍该产品在整个产品体系中的定位，附示意图
		产品特点	概念	张三	王五	使用列表方式，介绍产品的八大特点
		产品功能	概念	张三	王五	使用列表方式，介绍产品的六大功能，每个功能简述即可
	系统结构介绍		概念	张三	王五	以示意图的形式展示，示意图后对每个组件进行介绍
	技术规格介绍		概念	张三	王五	包含性能指标、接口指标。尽量使用表格列举
	遵循的标准和协议		概念	张三	王五	列表方式列举，按照国际标准和国内标准分类
技术原理						
	CDMA技术		概念	张三	王五	简要介绍CDMA技术的原理和特点
	GSM技术		概念	张三	王五	简要介绍GSM技术的原理和特点
产品安装						
	机柜安装					
		桌面方式安装机柜	任务	李四	王五	以Step-by-Step的方式介绍桌面上安装机柜的步骤，多图少字
		墙面方式安装机柜	任务	李四	王五	以Step-by-Step的方式介绍墙面上安装机柜的步骤，多图少字
	模块安装	地面方式安装机柜	任务	李四	王五	以Step-by-Step的方式介绍地面上安装机柜的步骤，多图少字
		安装电源模块	任务	李四	王五	注意强调安装的前提条件。配电源模块的简单介绍
		安装风扇	任务	李四	王五	注意强调安装的前提条件。配风扇的简单介绍
告警列表		安装单板	任务	李四	王五	注意步骤描述的通用性，各单板的差异细节在步骤前表格列举
	单板类告警					
		单板指示灯全灭	参考	李四	王五	含故障原因、故障现象、故障处理方法、相关故障
		单板指示灯常亮	参考	李四	王五	含故障原因、故障现象、故障处理方法、相关故障

图 2-2　运用 Excel 编写知识地图示例

（2）确定主题类型

知识地图中的每个主题都应该确定主题类型。根据技术文档的内容特点，所有主题均可以归纳为三种类型中的一种，见表 2-8。

表 2-8　主题类型

主题类型	主要任务
概念（Concept）	回答“是什么”的问题：提供读者能成功操作、维护、使用一个产品或者界面所必须知道的背景信息
任务（Task）	回答“如何做”的问题：通过 Step by Step 的方式描述完成一个特定任务所需的方法和步骤
参考（Reference）	用于描述产品或技术中特性结构比较一致的主题，如变换表、语法规则、消息说明及参数说明等

每种类型的主题解决一类问题，且相同类型的主题结构保持一致，既便于作者写作，也便于读者理解。

关于三种主题类型的详细介绍，请参见“5　附录　主题类型”。

（3）确定主题的编写要求

知识地图中的每个主题都应该明确列出编写要求及注意事项，供作者参考。经过以上步骤，一个完整、结构清晰、主题类型明确、主题写作要求明确的知识地图就制作成功了。

2.3.2.2　从知识地图产生文档架构

最终交付给读者的并不是知识地图，而是一篇一篇的文档。根据文档需求，抽取知识地图中各个级别的主题，重新定义层次结构和顺序，然后再加上必要的目录、章、节、附录、图表目录及缩略语等信息，形成面向读者的文档地图，并最终发布成符合读者需求的各类技术文档，这就是从知识地图产生文档架构的过程。

图 2-3 示意了利用知识地图制作两篇文档地图并最终发布出两篇文档的过程。

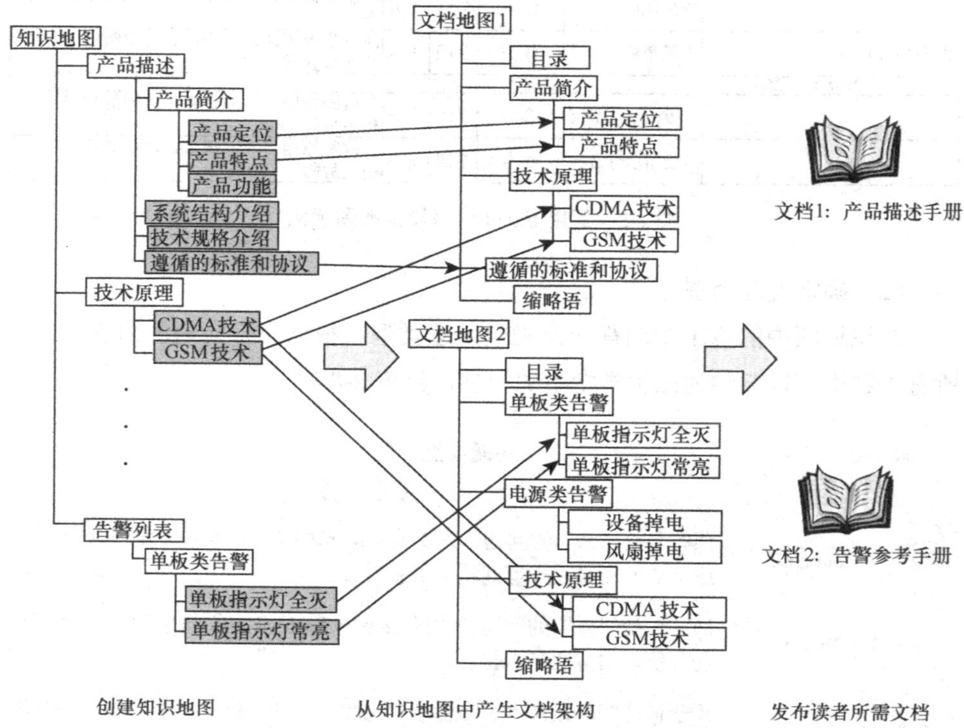

图 2-3　从知识地图产生文档架构的流程

在图 2-3 的示例中，发布后的《产品描述手册》文档目录如下。

2.3.3 架构检查

架构设计完成后要进行文档架构的检查，检查架构是否符合读者需求以及相关标准，并根据检查结果进行修改完善，以确保文档架构正确。

文档的架构检查一般是通过多方评审的方式进行的：

- 评审对象：知识地图、各文档地图。
- 评审成员：作者、产品代表（如市场人员、研发人员、测试人员、售后人员）。
- 评审重点：见表 2-9。

表 2-9 文档架构评审重点

序号	架构设计的常见错误
1	主题组织结构零散、无关联、无逻辑，相关的内容没有集中展现
2	主题冗余
3	主题缺失
4	主题类型设置错误
5	缺少安全说明
6	任务或内容不适合对读者发布
7	主题命名不简洁、不直观，没有正确反映正文内容
8	同一章节或全文的主题命名规则不统一

续表

序号	架构设计的常见错误
9	文档地图格式不规范
10	前言内容不全面、不规范
11	没有明确描述文档的读者对象

- 评审意见：评审意见需要记录并跟踪直至问题修改完善，表 2-10 是一个评审意见记录表示例。

表 2-10　　文档架构审核记录表示例

<table>
<tr><th colspan="8">×××文档架构审核记录表</th></tr>
<tr><td colspan="2">审核人员姓名</td><td colspan="6"></td></tr>
<tr><td rowspan="2">编号</td><td>问题描述</td><td>位置</td><td></td><td colspan="4">问题跟踪处理</td></tr>
<tr><td>（详细描述）</td><td>（章节）</td><td>错误类型</td><td>作者反馈</td><td>修改措施</td><td>拒绝理由</td><td>验证结果</td></tr>
<tr><td></td><td></td><td></td><td></td><td></td><td></td><td></td><td></td></tr>
<tr><td></td><td></td><td></td><td></td><td></td><td></td><td></td><td></td></tr>
<tr><td></td><td></td><td></td><td></td><td></td><td></td><td></td><td></td></tr>
<tr><td></td><td></td><td></td><td></td><td></td><td></td><td></td><td></td></tr>
</table>

2.4 文档写作

2.4.1 写作的逻辑

文档写作应该围绕一个核心主题组织信息，同一主题下的所有信息应该具有逻辑关系，这样才能使得文档逻辑清晰，易于理解。常见的信息组织逻辑有两种：演绎逻辑和归纳逻辑。

2.4.1.1 演绎逻辑和归纳逻辑

演绎逻辑是从一般性前提出发，通过推导的方式组织信息，最终推导出想表达的核心主题。

归纳逻辑是首先将核心主题阐明，然后将支撑或解释该主题的所有信息按照一定的逻辑顺序排列。

图 2-4 简要说明了演绎逻辑和归纳逻辑的区别。

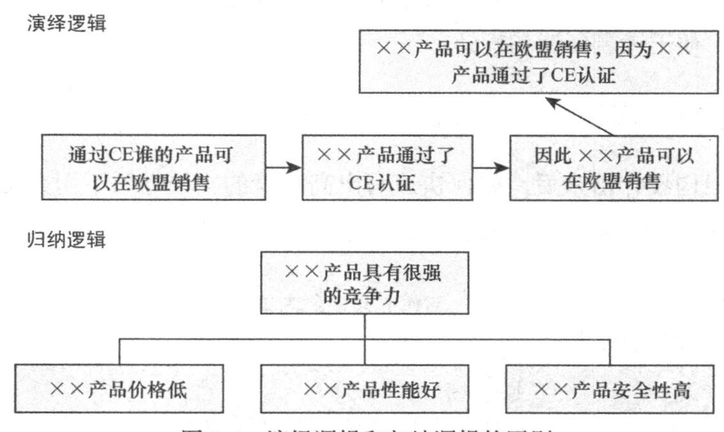

图 2-4 演绎逻辑和归纳逻辑的区别

演绎逻辑比归纳逻辑容易实现，人们常在论证或推理时运用演绎逻辑。归纳逻辑表达直接，信息传递效率高，在技术文档写作中最常用。

2.4.1.2 归纳逻辑的逻辑顺序

归纳逻辑是将信息按某种逻辑顺序排列，下面介绍归纳逻辑主要的逻辑顺序。

（1）时间（步骤）顺序

达到某一结果依次采取的行动顺序或按照事物发展的先后顺序介绍某一事物。

时间顺序常用于任务主题的写作，比如说故障处理主题、操作任务主题。这些主题介绍完成某个任务就需要按照时间顺序逐步描述，直至完成该任务。

（2）结构（空间）顺序

按照事物空间存在方式，或从外到内，或从上到下，或从整体到局部描述某事物。

结构顺序常用于结构、原理等主题的写作，如描述某个设备的组成，就需按结构顺序逐个描述各个组件。

（3）程度（重要性）顺序

按事物重要性的不同来排列。

程度顺序的运用通常用于强调某些重要信息，通过重要性排序将这些信息依次排列。如故障处理类文档，对于多个可能的故障原因描述，可以按照故障发生概率由高到低的顺序依次排列。

在技术文档写作中可以根据内容要求选用合适的逻辑顺序，这样会使文档条理清楚，便于读者阅读和理解。

2.4.2 写作 6 步法

文档架构设计出来后，如何快速写出高质量的文档呢？下面介绍一种快速写作的方法：写作 6 步法，见表 2-11。

表 2-11　　写作 6 步法的内容

序号	步骤名称	说明
1	准备与学习	主要包括如下任务： • 收集和学习写作素材及相关参考资料。 • 搭建和熟悉写作所需的软硬件环境。 • 学习相关技术知识。 • 熟悉写作规范和写作要求
2	确定主题写作目标	结合各主题间的逻辑关系，明确各主题的写作目标
3	分主题写作	化整为零，以主题为文档的基本单元，由易到难依次写作
4	确定逻辑顺序	确定主题写作的逻辑顺序（时间顺序、结构顺序和程度顺序）
5	快速写作	按预定结构一鼓作气写作，直到完成初稿，中途不要修改
6	不断完善	从文档和技术两个方面不断提升文档质量： • 技术层面需要仔细推敲，思维要缜密，数据要准确客观。 • 文档层面上需要从实用性、可读性和舒适性三个维度进行完善（详细请参见“2.5.2　高质量文档三要素”）

2.4.3 写作黄金法则

技术文档种类繁多，各行各业对技术文档的写作规范与内容要求也不尽相同，但是有一些基本的写作规则可以适用于所有类型的技术文档，而与技术文档的种类和应用场景无关，这些写作规则就是技术文档写作的四大“黄金法则”，分别是：

- 主题明确单一；
- 语言简洁明了；

- 图表优于文字；
- 例子增强理解。

四大“黄金法则”看上去很“普通”，但都是在多年技术文档开发经验的基础上总结而来的，适合所有技术文档的写作，可谓是“实践出真知”。掌握四大“黄金法则”，就掌握了写好技术文档的钥匙。

下面对“黄金法则”做简单的介绍。

2.4.3.1 主题明确单一

技术文档，大到章节，小到一段话、一个步骤， 主题都要明确单一，传达给读者一个清晰和明确的信息。

一般来说，读者只有在需要解决某一问题或者了解某一知识时才会阅读技术文档，如果主题不明确或者主题过多，那么会让读者无法方便快速地找到并理解他需要的信息。

技术文档的作者一般都接受过高等教育，长期的学习过程中都阅读了大量书籍，写起文档来经常文如泉涌，而且写作时总想把各方面的知识都提供给读者，舍不得删减，于是写着写着就“泛滥”了。

如果一篇文档或段落看似“丰满”，但却充满了偏离主题的内容，会严重影响读者的感受，让读者不知道你要表达的思想是什么。

所以，技术文档写作的黄金法则之一是要保证主题明确和单一。“明确”是保证能让读者清晰准确和快速地知道你想表达的意思，“单一”是保证在一段内容中只有一个主题，具体来说就是在一个章节或者段落中只写一个主题，在一个句子中只写一个主题字/关键字，在一个步骤中只写一个动作（命令、动词等）。

2.4.3.2 语言简洁明了

语言简洁明了是写技术文档最基本的要求，只有做到这一点，写出的文档才能使读者容易读懂。

语言简洁明了对于将文档转换为其他语言时也有好处，可以降低语言转换时的难度，避免信息失真或缺失。

对于技术文档写作来说，规范的语言是写作的基础。语言要做到精练，语言如果难度太深可能会显得晦涩，让人读起来毫无生气、感觉生厌。在写文档时要舍弃那些不必要的修饰语言，力争做到惜字如金。

要做到语言简洁明了，需要注意以下三点：

- 语言实在和朴实，不要虚构；
- 言简意赅，不绕弯子，用语简约；
- 语言通达，表述清晰，不能模棱两可。

如果对以上的规则感觉有点难以掌握的话，有两个简单的办法：

- 控制句子的长度。建议一句话的长度不要超过 100 字。句子不要太长，太长会影响阅读和理解，也不能太短，太短会感觉很生硬。
- 使用专用语。专用语一般都是约定俗成的，在语言表达上比较简明。

2.4.3.3 图表优于文字

有句话大家可能都听说过：文不如表、表不如图。就是说同样的内容，用图的形式介绍优于用表的形式介绍，用表的形式优于用文字表述（尤其是大段的文字描述）。

和大段的文字相比，图和表的条理性更清晰，表现更生动，形式更能吸引眼球，让人更易阅读和理解。

例如你想去某地旅游，在网上查找行程线路。如果找到的说明全是文字描述，而另一个说明在地图上标示出了具体的线路和地点，哪一个更容易看懂？再如没去过美国、也不了解美国文化的游客，看文字介绍能清楚地知道“圣弗朗西斯科”和“旧金山”是同一个城市吗？而如果能在地图上标示出具体的位置，则很容易辨别。

记住一个方法：在写技术文档时，能用图和表传递的信息就不要用文字。

2.4.3.4 例子增强理解

如果想让读者更容易理解和掌握文档所描述的内容，那么多举例会有很好的效果。

例子可以使所要说明的内容具体化，以便读者理解。好例子的作用甚至超过正文。一个好的例子，对读者的帮助是巨大的。大家在做旅游准备时，肯定是希望能多看一些相关的旅游游记和攻略，而不是景区的介绍。

好的举例要注意以下两点。

- 例子要有代表性：举的例子一定要是典型的、有代表性的，能够让读者通过例子清晰准确地了解所要表达的完整含义。不典型的例子会让读者的理解有偏差或者不全面。

- 例子不能代替正文：举例的目的还是为了让读者了解正文的内容，是对正文的一种补充，不能直接以例子来代替正文。该有的正文还是必须有。

2.5 质量控制

2.5.1 质量控制活动

质量控制是整个技术文档写作流程中不可或缺的一个环节，是保证文档质量的必需手段。技术文档的质量控制主要有以下 3 种方式：

- 文档审核；
- 文档测试；
- 文档验证。

这 3 种质量控制方式的区别列于表 2-12。

表 2-12　　3 种质量控制方式的区别

	文档审核	文档测试	文档验证
属性	内部质量控制活动	内部质量控制活动	外部质量控制活动
执行时机	对于全新编写内容比较多的文档，建议在文档写作过程中进行；对于更新内容少的文档，也可以在文档初稿完成时进行	文档测试可以和文档审核同步进行，也可以在文档通过文档审核之后	文档首次交付读者时进行
参与人员	作者、产品相关各小组代表、目标读者、文档专家	产品测试工程师	目标读者、售后工程师
执行形式	会议评审或邮件评审	在实验室模拟现场环境进行文档测试	在实际场景中进行文档验证
输出物	审核记录或审核报告	测试报告	验证记录或验证报告
特点	多人从不同视角参与评审	模拟现场环境，降低现场的文档缺陷率	在实际环境里验证文档，促进文档不断完善
适合的文档类别	研发文档、用户文档	操作指导类用户文档	用户文档

续表

	文档审核	文档测试	文档验证
成本	成本小，可以在过程中控制文档质量	成本中等，需要在实验室搭建现场环境	成本大，缺陷会影响用户对文档甚至产品的印象，缺陷纠正要付出更多代价

说明：根据文档的不同情况和质量要求，可以采用一种合适的质量控制方式或者多种质量控制方式的组合。

2.5.1.1 文档审核

通常文档审核先由作者自检，再启动审核组的评审，这样做能节省审核时间。审核小组一般包括这些角色：作者、产品相关各小组代表、目标读者、文档专家。为了便于发现一些文档常见问题，企业一般需要设计文档审核检查单，表2-13是一个典型的文档审核检查单实例。

表2-13　文档审核检查单示例

序号	类别	检查项目	检查结果	
			作者自检	审核人员复核
1	架构	架构是否符合用户需求要求	是	通过
2		客户需求的满足程度	是	存在少量不符合要求的内容
3		写作是否符合文档架构		
4	名称统一	针对同一对象的描述，是否已使用统一的名称进行描述		
5		业务子系统的描述中，是否存在以系统形式描述业务子系统的情况		
6	写作规范	写作是否符合（通用写作规范）要求		
7	图	引用的图片是否均为PNG格式		
8		图片宽度是否小于等于1024像素		
9		图片中文字的大小是否明显大于正文		

2.5.1.2 文档测试

文档测试首先需要定义具体的每类文档错误类型和对应的文档缺陷级别（A 致命，B 严重，C 一般，D 轻微）。例如实用性缺陷之一：内容存在缺失，文档缺陷级别为 B 严重，见表 2-14。

表 2-14 实用性缺陷示例

缺陷情况	缺陷类型
实用性缺陷总数	
1. 内容存在缺失	B 严重
2. 内容存在冗余	C 一般
3. 内容错误、技术描述错误，或描述不能反映当前主题和产品	B 严重
4. 原理、功能描述不够清晰，或没有站在用户角度进行描述	B 严重

有了文档缺陷的定义后，我们就可以通过统计文档的缺陷数计算出下面的文档测试数据：

- 被测试文档总缺陷数=A 类缺陷数＋B 类缺陷数＋C 类缺陷数＋D 类缺陷数；
- 被测试文档每页缺陷数=被测试文档总缺陷数/被测试文档页数；
- 被测试文档的缺陷加权得分=A 类缺陷数×5＋B 类缺陷数×3＋C 类缺陷数×2＋D 类缺陷数×1（每类缺陷的分值可以预先定义）；
- 被测试文档的缺陷密度=被测试文档的缺陷加权得分/被测试文档页数。

文档测试结果样例见表 2-15。

表 2-15 文档测试结果样例

文档名称	页数	作者	测试人	A 级缺陷	B 级缺陷	C 级缺陷	D 级缺陷	总缺陷数	故障加权得分
××产品操作指导文档	140	张三	王五	3	1	9	1	14	46

2.5.1.3 文档验证

文档验证通常在文档首次交付读者时由售后工程师与目标读者在现场环境中进行。文档验证的缺陷定义和缺陷密度算法都与文档测试类似，只是进行文档验证的执行主体和环境不同。虽然文档验证能够更真实地反映读者的意见，但由于现场环境不能根据需要自由配置，加之验证缺陷存在质量事故风险，因此企业通常以文档审核、文档测试等质量控制活动为主，文档验证通常只作为补充手段。

2.5.2 高质量文档三要素

一个高质量的技术文档应该具备以下 3 个要素：

- 实用性；
- 可读性；
- 舒适性。

这 3 个技术文档的质量要素，不仅需要在技术文档的质量控制活动中重点关注，在整个文档写作流程的各个环节中，都有着非常重要的作用，包括：

- 设计文档审核检查单，用于文档审核；
- 定义和统计文档缺陷，用于文档测试；
- 用于企业制定文档写作规范、样式规范和内容大纲。

下面我们来分别看看 3 个要素的具体含义。

2·5·2·1 实用性

技术文档的实用性是对读者来说，就是这本技术文档有多大的用处，是否能有效地解决问题。达成实用性，要注意以下 5 个方面。

（1）安全第一

做任何事情都必须确保安全。特别是技术文档中的用户文档，无论其内容如何，都必须把安全放在第一位，且人的安全高于设备的安全。

（2）内容准确

技术文档内容的客观描述必须准确，让读者准确理解内容，给读者带来帮助。

（3）面向任务

大部分技术文档的目的是为了帮助读者执行任务，因此需要从读者的角度分析和设计文档中的任务。

（4）合理组织

文档的组织包括章节中内容的信息组织以及章节结构的组织。合理组织的文档使读者易于查找所需的信息和理解内容。

（5）内容完整

文档应该包含读者所需要的完整信息。同时，文档并非是内容越多越好，要保证文档中含有且仅含有读者需要的信息。

2.5.2.2 可读性

技术文档的可读性是相对于读者来说的。这本技术文档理解起来是不是比较容易，是不是容易读懂。达成可读性，要注意两个方面。

（1）易读

要能保证读者在第一次阅读时，可以轻松、准确地读取文档内容，而不需要花费很多时间去猜想文档所要表达的含义。

（2）易理解

易理解是更高层次的要求，易读的技术文档不一定易于理解。技术文档只有易理解了，才能让读者真正地掌握技术文档所要表达的含义。

2.5.2.3 舒适性

技术文档的舒适性也是相对于读者来说的。一本技术文档的舒适性就是在阅读和使用的过程中，使人内心感受舒服和顺畅。达成舒适性，要注意以下 3 个方面。

（1）文档获取便捷

技术文档应该及时、准确地交付给读者，同时读者能根据需要方便地获取文档。

（2）内容检索高效

技术文档包含的内容比较多，读者在阅读时一般都是想查找某些特定的内容，并且希望能快速找到。

（3）阅读感受舒适

技术文档中良好的视觉元素（如图形、颜色、字体样式、呈现形式等）可以帮助读者方便地查找、理解和使用技术文档的相关信息。好的视觉效果可以对其他要素产生良好的影响。

进阶篇

一篇高质量的技术文档，应该能够满足读者以下 3 个方面的需求。

- 感受舒适：版面布局合理，图片颜色恰当，内容易于发现……
- 轻松理解：词汇准确，语义明确，段落清晰，标题明了，充分举例……
- 解决问题：提示危险，指导实际工作，解答疑问……

进阶篇将围绕高质量文档的实用性、可读性和舒适性三大要素，详细阐述可以通过哪些办法和手段来实现这些质量要素。技术文档写作的四大“黄金法则”也包含在这些内容之中，请参见“3.1.4.1 划分主题”及“3.2 可读性”。

3.1 实用性

实用性是指文档有多大的用处，是否能有效地解决问题。

由于技术文档大多是指导读者实施一些任务，因此实用性对于技术文档来说非常重要。

实用性通常包括以下内容：

- 安全第一；
- 内容准确；
- 面向任务；
- 组织合理；
- 内容完整。

在文档开发的各个阶段都需要关注实用性要求（见表 3-1），其中 70%的工作集中在架构设计阶段，在文档写作阶段可以对架构做一些微调，使内容组织得更加合理。研发文档的架构通常已经通过内容模板得到固化，编写时遵循模板即可。

表 3-1 实用性的质量要素

质量要素		工作过程								
		需求分析	架构设计	文档写作				文档发布	文档交付	文档维护
				准备学习	内容组织	内容编写	内容自检			
安全第一			√			√				

续表

质量要素		工作过程								
		需求分析	架构设计	文档写作				文档发布	文档交付	文档维护
				准备学习	内容组织	内容编写	内容自检			
内容准确	掌握产品的细节			√		√				√
	保证信息的一致性					√				
	使用工具检查拼写和版式						√			
面向任务	根据读者对象设计任务	√								
	基于实际的任务		√		√					
	大任务统领小任务		√		√	√				
组织合理	划分主题		√		√					
	按执行顺序组织任务		√		√					
	组织文档信息使之易于检索		√		√					
	将参考信息独立出来		√		√					
	信息的组织方式要一致		√		√					
内容完整	内容满足读者需要		√		√	√				
	把握每个信息提供的原因		√		√	√				
	避免读者产生新的疑问					√				

3.1.1 安全第一

在介绍安全第一之前，讲一个小故事。

王先生来到商场准备购物，在上滑动电梯的时候，忽见电梯边写着红色的警示语：Look Out！结果王先生依照警示语，将头伸出了电梯……

这个故事说明在日常生活中，准确的安全提示有多么重要。

在技术文档写作中，需要遵循以下原则来保证文档的安全性。

（1）遵从文档的安全准则

操作步骤的设置及内容都需要遵照的安全原则：

- 任何情况下，人的安全是最重要的。
- 任务的执行过程以及操作步骤不能对人身安全及设备运行产生安全隐患或者危险。

（2）在危险操作之前设置安全提示

在日常生活中，人们经常和各种各样的警示牌打交道，最常见的就是交通指示牌，它是通过图形和简单文字来对交通通行进行限定。另外，在公共场所还设置有禁止抽烟、禁止易燃物品等警示牌。这些警示牌其实就是一种安全提示。安全提示是一种指令，规定了必须做什么、禁止做什么，以及违背此项规定会导致的后果。

在技术文档中，需要对一些容易误操作或者操作后可能产生危险的操作进行安全说明，这就是技术文档中的安全提示。

设置安全提示的原则如下：

- 某个操作如有可能造成对人身和设备的损坏，必须要有独立、醒目的提示信息，并且在该操作前或者操作步骤中应有安全提示。

在产品设备的安装过程中，搬运设备是比较常见的操作，但是对于一些重量、体积大的设备部件，就需要设置一些安全提示。

例如：常见的搬运部件操作，原文如下：

> 4. 抬起机框并放置在左、右托轨上，然后顺着托轨将机框推入机柜内，直至机框前方两侧的凸缘与机柜立柱接触。

【操作分析】

机框的重量比较大，施工人员可能为了操作方便，通过机框部件的扶手来抬起机框。这样，在抬起过程中，机框可能会坠落从而对人体造成意外伤害。因此，必须加上一个安全提示信息进行提示。

【修改后】

> 注意！
>
> 不能通过风扇插框把手、电源模块把手或走线槽等部件抬起机框。
>
> 4. 抬起机框并放置在左、右托轨上，然后顺着托轨将机框推入机柜内，直至机框前方两侧的凸缘与机柜立柱接触。

● 需要根据危险程度对安全提示进行区分，不同的级别或分类采用不同的形式。例如，把操作分为危险、警告、注意 3 种级别，危险性依次降低。

例如，在技术文档中，在正文前会设置一个独立的内容【安全标志】来罗列文档中可能出现的各种安全标志，每种标志都有图案和对应的含义说明。

图 3-1 是某技术文档所给出的安全标志。

安全标志

以下介绍ZTE文档中所使用的与人身健康与安全相关的安全标志。

表1列出并解释了安全标志及含义。

表1 人身健康与安全标志

安全标志	含义
	危险：表示若不加以避免，就有可能造成人员伤亡的重大危险 警告：表示若不加以避免，就有可能造成严重伤害事故、设备损坏或主要业务中断的危险 注意：表示若不加以避免，就有可能造成中度伤害事故、设备损坏或部分业务中断的潜在危险
	当心触电：存在电击危险
	当心激光：存在强激光灼伤危险
	当心微波：存在强电磁场辐射危险
	当心烫伤：设备是热源或者产生高温，存在烫伤危险

图 3-1 安全标志示例

● 安全提示必须要有醒目的符号，必须包含动词并采用陈述句或祈使句来强调此提示的重要性。

例如，检查供电时的安全提示信息，必须有醒目的符号，包含动词及采用祈使句。

危险！

检查供电情况时一定要确保人身及设备安全，注意万用表挡位和量程正确。

3.1.2 内容准确

技术文档以文字、图表、多媒体等方式对外呈现产品的技术特征，不仅包括介绍产品的实现原理、功能、操作程序及日常维护方法这样的用户文档，同时还包括需求说明书、系统概要设计、软件详细设计和测试用例这样的研发文档。因此，所有信息都必须是准确的，同时也必须和使用者在操作设备时看到的内容一致，包括概念型信息、事实陈述、过程、图形元素及其他文档细节。

可以通过以下方法来保证文档的准确性：

- 掌握产品的细节；
- 保持信息的一致性；
- 使用自检工具检查拼写及版式的准确性。

3.1.2.1 掌握产品的细节

内容准确、更新及时是技术文档的必备要求。

为了保证在技术文档中能够正确地描述产品的特性、操作方法、算法细节、接口参数等，在编写文档之前建议通过以下方法先掌握产品的相关信息再开始写作，让文档紧跟产品的技术变化。

对于用户文档，可以：

- 了解用户的真实需求，了解他们如何使用文档以及使用文档的目的；
- 亲自使用产品，积累操作经验；
- 咨询技术专家，掌握技术难点和重点；
- 制订定期更新计划，并按照此计划来进行有序的更新；
- 每次更新都需要详细的记录信息；
- 给出问题反馈途径，并即时解决读者的问题。

对于研发文档，可以：

- 严格按照研发文档的模板、紧扣读者的需求来编排文档内容；
- 掌握产品的技术细节，了解每个技术组成模块的“前因后果”；
- 多方评审，让作者及目标读者都参与文档的技术审核。

3.1.2.2 保持信息的一致性

同样的信息有可能出现在文档的不同地方或者不同的文档中，如果信息不一致，读者在看到这些不一致的信息时搞不清哪处的信息是正确的，会怀疑文档的正确性。例如同一个技术指标在前后文中不一致。

【原文】

2.1.1 产品外观

外观

ZXWN MSCS设备采用B6080-22机柜。机柜内部最大净高容量为47U，总体外形尺寸为2200 mm×600 mm×807 mm（高×宽×深）

7.1 物理指标

机柜的物理指标参见表7-1。

表7-1 机柜的物理指标

参数	指标
外形尺寸	2200 mm×600 mm×807 mm（高×宽×深）
容量	机柜采用19英寸机柜结构，内部最大净高容量为47U
重量	单机柜满配时的最大重量约为350 kg
地板承重	大于420 kg/m^2。

【修改后】

2.1.1 产品外观

外观

ZXWN MSCS设备采用B6080-22机柜。机柜内部最大净高容量为47U，总体外形尺寸为2200 mm×600 mm×800 mm（高×宽×深）

7.1 物理指标

机柜的物理指标参见表7-1。

表7-1 机柜的物理指标

参数	指标
外形尺寸	2200 mm×600 mm×800 mm（高×宽×深）
容量	机柜采用19英寸机柜结构，内部最大净高容量为47U
重量	单机柜满配时的最大重量约为350 kg
地板承重	大于420 kg/m^2

另外，比较容易出现不一致情况的还包括一些专业术语，这容易使读者混

淆概念或是产生疑问。下面是一个专业术语不一致的示例。

【原文】

> 网络规划人员可以选择带内方式和带外方式连接网管。
>
> 1. 带内管理方式
>
> 管理控制信息和业务数据使用同一管理通道进行传输。
>
> 2. 带外管理方式
>
> 使用专用的外带管理接口接入网络。

【修改后】

> 网络规划人员可以选择带内管理方式和带外管理方式连接网管。
>
> 1. 带内管理方式
>
> 管理控制信息和业务数据使用同一管理通道进行传输。
>
> 2. 带外管理方式
>
> 使用专用的外带管理接口接入网络。

重用可以确保信息的一致性，如果重用的信息比较简短并且将来不可能变化，最简单的办法是“复制”。如果重用的信息比较长而且更新频繁，可以采取同源开发的方式。同源开发需要专门的软件支撑。采取同源开发有如下优势：

- 可以保证同一主题在文档的不同位置或者在不同的文档中完全一致。
- 支持多种发布格式，如 PDF 文档、联机帮助、印刷品等。信息更新的时候，只需更新源信息，然后重新发布为各种格式。

3.1.2.3 使用工具检查拼写及版式

对于文档的样式和编排，可以通过自检工具来检查排版、交叉引用、拼写和语法错误。

以下是容易出错的信息。

（1）网址链接

给出具体的网址可以帮助读者很快找到目标信息。但网址是会变化的，如果不能够经常检查链接并及时更新，应尽量避免使用网址，或者考虑同时给出对目标信息负责的企业或组织的网址。

（2）印刷品的引用

如果引用了其他技术文档中的内容，需要给出书名、作者及出版商。

（3）内部交叉引用

对于电子文档，确保链接到正确的信息；对于印刷文档，确保指向正确的信息。

3.1.3 面向任务

大部分的技术文档的目的是为了帮助读者执行任务，因此需要从读者的角度理解文档写作涉及的任务。

对读者进行任务分析可以帮助作者确定，对于某一岗位/类别的读者，哪些任务是最重要的、哪些任务是频繁执行的、哪些任务是困难的，等等。

在了解如何面向任务之前，先了解一下任务的概念。

任务是在一定场景下需要进行的操作，任务完成后，会得到一个有意义的成果或产物。一个独立的任务可以由一个或者几个独立的操作组成，每个独立的操作应该被看作是该工作任务的子集，每个独立的操作由一系列必须执行的动作组成。这些独立的操作之间可以是顺序的也可能是并列的。

例一，测量输出、校准测试仪器、更换电路板，都可以认为是一个完整的任务。

例二，选择开始菜单、旋转螺丝、撕开包装纸，一般认为是动作或操作，而不认为是独立的任务。

以下是一个完整的任务主题的示例。

创建测试案例

【简介】

当需要测试本系统的功能时，可以通过创建测试案例来进行测试。

【前提】

在操作前，请确认：

- 需要测试的功能已安装。如未安装，参与“安装测试功能”。
- Test文件已经解压到本地。如未拷贝解压，参考“拷贝解压Test文件”。

【步骤】

按照以下步骤创建测试案例。

1. 选择菜单【New Test Case】。
2. 在Test Case窗口定义测试名称和对象。
3. 切换至Record页面，设置测试结果的保存地址。
4. 单击Save按钮，保存测试案例。

【相关任务】

- 修改测试案例
- 删除测试案例
- 配置测试案例

那么如何保证您写的文档是面向任务的呢？

- 根据读者对象确定文档定位；
- 基于实际的任务；
- 大任务统领小任务。

3.1.3.1 根据读者对象设计任务

面向任务的架构设计，很重要的一个环节就是需要根据读者对象明确文档的定位，然后根据读者对象设计符合读者“口味”的操作任务。

对于读者对象，主要了解以下两个信息。

（1）读者的需求

文档的定位主要基于读者的需求，需求分析到位，文档就已经成功一半了。如对于采购人员，他们对文档的需求是产品的功能清单、产品的技术指标和有竞争力的亮点，对于产品的运行原理通常不感兴趣。

（2）读者的知识水平和习惯

对于读者知识范畴和习惯的了解，可以使得作者在写作过程中把握知识点的深浅和详略。

虽然技术文档总是在传递一种读者不熟悉或者不了解的知识、技术或者技能，但是技术文档的起点应该与所面向的读者保持一致。

例如，《明史》这本历史著作，读者对象大多是一些史学学者，普通人很难能看懂。但是为了让更多的普通老百姓接受明朝的历史知识，一位海关公务员发表了《明朝那点事》，这本书让平常老百姓也能进行阅读。

下面的示例是一个操作步骤，大家感受一下它的内容深度。

修改前：

> 按照以下步骤修改设置：
> 1. 进入文件目录；
> 2. 单击INFODIR文件夹；
> 3. 右击SETTINGS.DEF file，在快捷菜单中选择Edit；
> 4. 修改相关内容；
> 5. 单击File→Save保存文档；
> 6. 单击File→Close关闭编辑窗口。

这个示例的步骤过于简单，指导意义比较弱。通常读者是具备基本的计算机操作能力的，他们并不需要简单动作的指导。这种信息只会让读者失去耐心。

修改后：

> 1. 按照“规划数据”修改“INFODIR/SETTINS.DEF file”文件中的设置项。

关于知识水平方面，一般建议如下：

- 技术文档所包含的知识水平要与读者的知识水平基本一致。如给小学生辅导数学题，如果使用方程式讲解，他们一定不明白。当编写涉及 Windows 操作系统的操作指导时，一般可以忽略介绍图形方式的基本操作方法（如怎么打开菜单、关闭窗口等）。因为大多数人是熟悉 Windows 的基本操作的。
- 技术文档中的内容要符合读者的理解能力。建议文档是针对特定读者写的，这样能力分析会容易一些，内容也会比较符合读者的口味。例如，对于普通的安装工人，他们的知识水平比较低，对于技术文字内容很难理解，对他们来说，“使用螺丝刀按照逆时针方向选择螺丝卸下维护窗盖板，其中，6 个螺丝取下的顺序依次为中上、中下、左上、右下、右上、左下。”这段文字显然没有如图 3-2 所示清楚易懂。

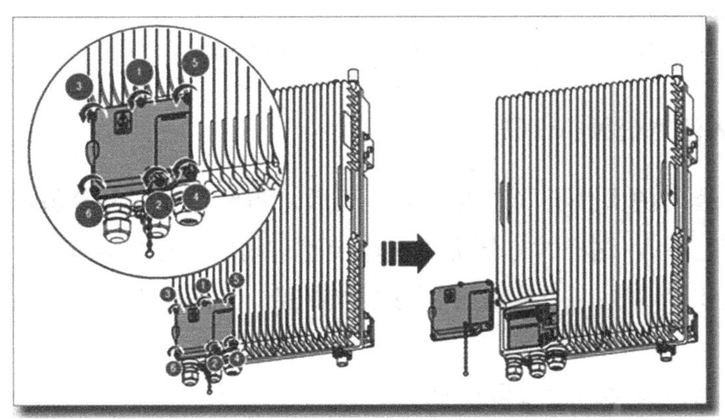

图 3-2　图示举例

对于特定读者来说，他们的技能和知识水平也略有差异，这种情况下可以通过内容分级的写作方式，让有经验的读者能够跳过不必要的细节，而让初学者能够按照细节去完成任务。

3.1.3.2 基于实际的任务

在编写与某个设备或产品相关的文档时，需要规划要写哪些任务。在规划任务的时候，需要考虑的是读者实际的任务，而不是针对该设备或产品的功能。

为什么需要面向任务而不是面向功能呢？

下面的示例是一个 FTP 软件的说明书，其中需要介绍如何上传与下载文件。面向功能的章节内容为：

1. 服务器管理
2. 传输管理

面向任务的章节为：

1. 上传与下载
1.1 连接访问的服务器
1.2 上传与下载文件

又如，“使用地址窗口”与“查询地址”，前者为面向功能的命名，后者为面向任务的命名。

很明显面向任务的文档将更容易为读者理解和使用。

3.1.3.3 大任务统领小任务

确定了读者的大任务（主要任务）之后，需要将大任务分解成相对独立的小任务（子任务），这样才方便提供操作步骤。如果不进行拆分，一个大任务可能会包含几十个、上百个甚至更多的操作步骤，阅读和理解会非常困难。注意以下要求：

- 子任务同样要求是实际的任务；
- 每个任务和子任务所含的步骤最好不超过 9 个；
- 对于大任务，需要有效地将子任务按照次序组织起来。

下面这个案例修改前未将子任务有效地组织，看不出子任务之间的关系；修改后，可以使读者了解子任务之间的逻辑关系（并列关系或前后关联）。

【修改前】

> **安装InfoBack程序**
> 分为以下7个任务进行。
> 1. 硬件准备
> 2. 软件准备
> 3. 停止InfoBack程序
> 4. 备份Infoback.ini文件
> 5. 在Windows下运行安装程序
> 6. 在Unix下运行安装程序
> 7. 确订安装是否成功

【修改后】

> **安装InfoBack程序**
> 按照以下操作进行安装。
> 1. 确认是否符合安装条件：
>   (1) 硬件要求
>   (2) 硬件要求
> 2. 停止InfoBack程序
> 3. 备份Infoback.ini文件
> 4. 运行安装程序
>   - Window下运行安装程序
>   - Unix下运行安装程序
> 5. 确订安装是否成功

3.1.4 合理组织

文档的组织包括章节中内容的信息组织以及章节的组织。

合理组织的文档便于读者查找所需的信息，也便于作者重用其中的信息，形成其他形式的输出物。

为了合理组织文档，可以遵循以下指导原则：

- 划分主题；
- 按执行顺序组织任务；
- 组织文档信息使之易于检索；
- 将参考信息独立出来；
- 信息的组织方式要一致。

3.1.4.1 划分主题

在技术文档写作黄金法则中已提到“主题明确单一”。

“主题明确单一”要求主题的内容足够的长，内容完全围绕该主题；并且足够的短，不包含主题以外的信息，独立阅读主题时也能获取到相对完整的信息。

如何保证主题信息足够长又足够短，能涵盖独立的主题信息呢？

通常可以采用拆分知识点的方法，将信息分解成离散的主题。

拆分主题的好处如下：

- 主题通常较短，更容易查找，也更能够提供读者所需要的信息；
- 方便重复利用信息或其中的部分信息，并能够以不同形式发布。

下面是将信息拆分为不同主题的示例。

【修改前】

智能业务

本产品支持CAMEL 3且向下兼容CAMEL 2和CAMEL 1，支持预付费业务（PPS）、移动虚拟专用网业务（MVPN）、预付费IP业务（PPIP）、主被叫付费业务、IP直通车业务、亲情号码业务（Familiarity number）等智能业务。

预付费业务简称PPS，预付费用户需预先交纳一定数目的金额或通过购买有固定面值的资金卡（如充值卡、储值卡、续值卡）等方式，在系统中建立账户，作为自己的通话费用。运营商对用户不进行身份认证，运营商与用户之间只存在预付费预约关系，因此无论对于运营商还是对于用户来讲，预付费业务的申请和开展都十分方便。

预付费IP业务……

移动虚拟专用网业务……

……

按照下面的操作配置智能业务。

1. 执行ADD N7SSN命令，新增信令子系统。

ADD N7SSN命令的参数说明参见表2-8。

表2-8　子系统参数

参数名称	参数解释	填写说明
OFCID	信令点对应局向号	必选参数，取值范围为0～65534。填写信令点对应的局向号，0表示本局
SSN	信令点子系统	必选参数，此处填写SSP_SCP
ID	子系统配置标识	可选参数，取值范围0～32784
TAG	是否有备用子系统	可选参数，选择默认值NO（不具有备用子系统）
NAME	别名	可选参数，取值范围为0～50个字符

2. 执行ADD CAMEL命令，增加CAMEL配置，使用ADD CAMEL命令。

……

【修改后】

智能业务

本产品支持CAMEL 3且向下兼容CAMEL 2和CAMEL 1，支持预付费业务（PPS）、移动虚拟专用网业务（MVPN）、预付费IP业务（PPIP）、主被叫付费业务、IP直通车业务、亲情号码业务（Familiarity number）等智能业务。

预付费业务简称PPS，预付费用户需预先交纳一定数目的金额或通过购买有固定面值的资金卡（如充值卡、储值卡、续值卡）等方式，在系统中建立账户，作为自己的通话费用。运营商对用户不进行身份认证，运营商与用户之间只存在预付费预约关系，因此无论对于运营商还是对于用户来讲，预付费业务的申请和开展都十分方便。

预付费IP业务……

移动虚拟专用网业务……

……

配置智能业务

按照下面的操作配置智能业务。

1. 执行ADD N7SSN命令，新增信令子系统。
2. 执行ADD CAMEL命令，增加CAMEL配置。

……

ADD N7SSN

命令功能

该命令用于新增一个信令子系统，配置信令子系统的各项属性。在添加邻接局时会根据邻接局属性自动生成信令子系统，如无特殊要求不需要手工配置。

参数说明

参数名称	参数解释	填写说明
OFCID	信令点对应局向号	必选参数，取值范围为0～65534。填写信令点对应的局向号，0表示本局
SSN	信令点子系统	必选参数，此处填写SSP_SCP
ID	子系统配置标识	可选参数，取值范围0～32784
TAG	是否有备用子系统	可选参数，选择默认值NO（不具有备用子系统）
NAME	别名	可选参数，取值范围为0～50个字符

……

上面这个实例，将智能业务的信息拆成了三个主题类型：概念主题、任务主题和参考主题。每个主题的目的不一样，便于读者查找定位需要的信息。

由于主题的离散性，可以按不同的方式组织和重用主题，同一个主题可以应用于多套文档中，如不同的呈现形式、不同的产品特性、不同的操作系统、不同的读者等。

3.1.4.2 按执行顺序组织任务

由于读者通常是按照一定的顺序执行任务的，因此信息的组织应反映出这种顺序。

“按执行顺序组织”不仅需要表现在大纲层面的任务组织上，还包括任务主题中句子及操作步骤的组织。

下面是一个未按照顺序组织任务的例子。

【修改前】

启动系统

1. 规划数据
2. 确认软件是否安装
3. 安装InforSeb
4. 删除InforSeb
5. 配置InforSeb
6. 测试连接

这个实例是初始化配置设备的过程。在执行过程中，读者不需要“删除InforSeb”，但是该实例会让读者误解为需要先安装InforSeb再删除InforSeb。

【修改后】

启动系统

1. 规划数据
2. 确认软件是否安装
3. 安装InforSeb
4. 配置InforSeb
5. 测试连接

下面这个实例是一个任务，内容未按照顺序编写。

【修改前】

> **安装InforSeb**
> 按照以下步骤进行安装。
> 执行Setup.exe程序。
> 在执行程序前，需要把InforSeb软件解压到本地目录。另外，需要确保有120M以上的足够的空间。
> 对于安装过程中的验证序列号，在《InforSeb用户指导》的扉页中查找。
> 按照安装引导进行安装。
> 注意：在安装InforSeb之前，要关闭其他程序。安装设备具备的条件：2GHz处理器、256MRAM。

这个案例，读者执行程序后才发现需要具备一些条件才能执行，因此浪费了读者的时间、影响了任务的正常执行。

【修改后】

> **安装InforSeb**
> 安装前请确认：
> 已获取到验证序列号。可以在《InforSeb用户指导》的扉页中查找到验证序列号。
> 确认系统具备以下条件：
> - 2GHz处理器
> - 120M的存储空间
> - 256M RAM
>
> 按照以下步骤进行安装。
> 1. 停止其他运行的程序。
> 2. 将安装文件解压到本地目录。
> 3. 执行Setup.exe程序。根据安装引导页面进行安装。

对于一些操作非常复杂的任务，通常可以采用概述或大任务的方式，将所有相关主题关联起来，以便读者了解任务全貌。

下面的例子是一个概述信息，修改前未介绍子主题的逻辑关系。修改后的内容，将第 8 章中所包含的任务都进行了介绍，说明本章中一些子任务的关系。

【修改前】

> **第8章　取样程序**
> 取样程序存放于光盘的Infosys目录下。取样程序可以在取样数据中浏览所有的Infosys特性。

【修改后】

> **第8章　启用和使用取样程序**
>
> 取样程序存放于光盘的Infosys目录下。取样程序可以在取样数据中浏览所有的Infosys特性。
>
> 按照下列步骤，启用和使用取样程序：
>
> 1. 安装取样程序
> 2. 配置取样程序
> 3. 测试取样程序
> 4. 调出取样程序
>
> 对于取样程序的使用，还包括以下的信息：
>
> - 取样程序的文件
> - 删除取样程序

3.1.4.3　组织文档信息使之易于检索

除了将主要的任务主题按操作顺序组织之外，还需要将概念主题和参考主题适当地组织到信息结构中，使信息的组织方式在读者看来具有一定的意义。

如果某个概念主题或参考主题与一个任务主题有较大的关联，可以和这个任务主题放在一起；如果某个概念或参考主题没有关联性强的任务主题，或者不能适当地组织到信息结构中，则可以从方便检索的角度组织主题。例如，按数字/字母顺序或拼音顺序、时间顺序、部件或类别、工作职责等。

下面这个实例是按照字母顺序组织的参考主题。

【修改前】

> **参考信息**
>
> - Abin日志文件
> - Backup命令
> - Database日志文件
> - Fallback命令
> - Restore日志文件

上面的实例，参考信息虽然按照字母顺序组织，但是将日志和命令参考信息混合放在一起，还是不便于读者查找。

【修改后】

参考信息
- 命令
  - Backup命令
  - Fallback命令
- 日志文件
  - Abin日志文件
  - Database日志文件
  - Restore日志文件

如果信息分类不清晰、模棱两可，读者就不容易找到自己需要的信息。因此应采用读者熟悉的分类来组织文档。

下面的案例修改前是按照作者自定义的类型进行分类的。

【修改前】

基本
查询命令
查询功能介绍
查询报告的类型
立即查询
其他
高级查询命令
查询示例
定制化报告的功能
数据转换功能

【修改后】

功能介绍
查询功能
定制化报告的功能
数据转换功能
查询操作
查询报告的类型
立即查询
查询示例
命令参考
查询命令
转换命令

对比两种分类：修改前的例子，由于作者一相情愿地将内容界定为基础和其他两类，无法获得读者的认同，分类比较牵强；修改后，基于内容的分类，很容易让人理解和掌握分类的原则，定位具体的内容就容易多了。

3·1·4·4 将参考信息独立出来

这里的参考信息是指对读者所接触到的操作界面、输入框、控件等的解释和说明，包括输入框的语法、控件可用的条件、控件功能，以及如何使用一个窗口等。

如果参考信息是包含在任务主题的步骤中的，当读者需要查找一个输入框或控件的说明时，可能需要浏览该任务主题的所有步骤。另外，界面上有些输入框或控件可能对于某个任务是多余的，而对于另一个任务是有效的；有些控件可能对于所有任务都介绍不到，如“取消”按钮等。因此，将参考信息放到任务主题中可能并不合适。

可以将参考信息与任务主题分开。这样，操作步骤更“面向任务”，读者也能够更好地查阅和理解任务及界面上的输入框或控件。

将参考信息与任务主题分开有如下方法：

- 将界面的介绍独立作为一个参考主题，一个界面为一个参考主题；
- 参考主题可以集中放在文档的最后，或者作为独立的文档或联机帮助提供。

【修改前】

发送在线确认信息

按照以下步骤发送在线确认信息。

1. 单击编辑确认按钮，弹出编辑确认窗口。
2. 在名称输出框中，输入付款人的姓名。如果付款人名称在系统中未定义过，将弹出付款人信息窗口，需要定义付款人姓名、地址和账号。
3. 在日期输入框中，输入确认信息发送的时间，注意下面的限制要求：
   - 不要定义周末时间或者假期时间。
   - 不要定义距今天5天内的时间。
4. 在数量输入框中，输入需要确认的人民币数额，保留至角。例如，25.00。
5. 单击“确认”按钮，保存设置。
6. 重复步骤2～步骤5，增加其他的确认消息。
7. 单击“发送”按钮，发送设置的确认消息。

在上面的例子中，任务是将任务和相关信息混合在一起写，如果读者只是想了解日期如何填写，就需要浏览整个任务。

另外，这个界面下有很多设置项在这个任务中可能不涉及，那么可能会遗漏一些信息。

【修改后】

发送在线确认信息 按照以下步骤发送在线确认信息。 1. 单击“编辑确认”按钮，弹出编辑确认窗口。 2. 填写名称、日期、数量。 3. 单击“确认”按钮，保存设置。 4. 重复步骤2～步骤3，增加其他的确认消息。 5. 单击“发送”按钮，发送设置的确认消息。
编辑确认窗口 在编辑确认窗口，可以发送在线确认的信息。 名称：用于指定在线确认的付款人。如果设置的付款人名称在系统中未定义过，填写Name后，将弹出付款人信息窗口，需要定义付款人姓名、地址和账号。 修改：用于修改定义过的付款人信息。 日期：用于指定确认信息发送的时间，注意以下的限制要求： ● 不要定义周末时间或者假期时间。 ● 不要定义距今天5天内的时间。 数量：用于指定需要确认的人民币数额，保留至角。例如，25.00。

这个案例修改后，重点划分出来了，任务信息更加连贯了。

3.1.4.5 信息的组织方式要一致

一致的信息组织方式可以帮助读者理解和熟悉信息的结构，从而使读者可以更容易地找到所需的信息。如一篇介绍命令的文档，一开始采用字母顺序组织各项命令，后面又采用命令的编号顺序组织每条命令，那么组织方式的混乱会使读者无法确定自己需要的信息的位置。

同时，一致的信息组织方式还有助于保证信息的完整性。

下面这个示例就是一个前后组织方式不一致的案例。

【修改前】

目录
　规划目录
　创建目录
　修改目录
　目录结构
项目
　规划目录
　创建目录
　修改目录
　项目限制
删除
　删除目录
　删除项目

在“删除”目录中规划的内容，和其他目录的内容分类原则不一致。

【修改后】

目录
　规划目录
　创建目录
　修改目录
　删除目录
　目录结构
项目
　规划项目
　创建项目
　修改项目
　删除项目
　项目限制

3.1.5 内容完整

内容完整是指文档包含读者所需要的完整信息。同时，文档并非是内容越多越好，要保证文档中含有且仅含有读者需要的信息。

如何保证文档的完整性，且仅仅包含读者需要的信息呢？

- 内容满足读者需要；

- 把握每个信息提供的原因；
- 避免读者产生新的疑问。

3·1·5·1 内容满足读者需要

“了解读者，理解读者的需要”，是保证文档完整性的关键。如果对读者所知不多，或对读者需求分析不到位，给出的信息就很难保证覆盖了读者的需求。

那么如何获取到读者的需求呢？

通常可以通过了解读者的工作场景和了解读者使用文档的目的入手。例如，如果目标读者是设备采购决策人员，他们的工作场景大多是决策采购何种设备，他们希望通过文档了解设备的性能指标和功能，那么提供给他们的文档中就必须包括设备全面的性能指标和功能。

3·1·5·2 把握每个信息提供的原因

对于作者来说，可能手头上有若干素材和资料，但是并不是所有信息都适合于写进文档。

对每条信息都需要确认：这部分解决了读者的什么问题？

另外，如果自己对信息都不太理解、不太清楚，建议不要将信息写入文档中。作为作者，需要对内容负责，而不是堆砌内容。

下面的示例，修改前包含一些无关的、冗余的信息。

【修改前】

> **处理故障**
>
> 对于故障，通常通过查看告警信息来了解故障的类型，并进行针对性的处理。按照以下步骤处理相关故障。
>
> 1. 查看故障代码。如果第四个字母为U，说明是工具程序方面的故障，处理方法查询“工具程序参考”文档。
>   U字母相关的告警代码包括：
>   ALRU143、ALRU144、ALRU145、ALRU146、ALRU147、ALRU148。
> 2. 如果第四个字母是D，说明是硬件方面的问题，拨打电话1234567，寻求技术支持。
>   D字母的相关告警代码包括：
>   ALRD149、ALRD150、ALRD151、ALRD152、ALRD153、ALRD154。

t

其中，对于告警代码的罗列是没有必要的，文中已经说明了代码的范围（第

4 个字母是 U 或 D）。

【修改后】

> **处理故障**
>
> 对于故障，通常通过查看告警信息来了解故障的类型，并进行针对性的处理。按照以下步骤处理相关故障。
>
> 1. 查看故障代码。
>   - 第四个字母为U（工具程序类故障）→步骤2。
>   - 第四个字母为D（硬件类故障）→步骤3。
> 2. 处理方法查询“工具程序参考”文档
> 3. 拨打电话1234567，寻求技术支持。

修改后的信息不仅删掉了代码的罗列，而且对步骤的逻辑顺序进行了重新梳理。

3.1.5.3 避免读者产生新的疑问

在架构过程中，可以将知识点罗列出来，以保证读者需要的信息完整。但在按照既定架构进行文档写作的过程中，如果给出了读者不需要的知识点或者给出的知识点没有解释清楚，导致读者产生了疑问，也会导致内容不完整的情况。

下面是一个介绍单板的案例。

【修改前】

> **交换网板SFU**
>
> SFU板是非级联交换网板，完成系统中的数据报文的高速交换功能。
>
> 本系统中最多可以配置3块SFU板，实现2+1冗余保护配置。
>
> SFU单板有两种类型：M6K-SFU-S2、M6K-SFU-S3。两种类型的单板外观相同，主要功能相同。

这里介绍单板的时候，作者给出了两种类型的单板。读者在阅读中很容易产生一个疑问：两种单板有什么区别呢？

对于该案例，可以分如下两种情况进行分析。

情况一：SFU 的两种类型的单板对于读者来说完全不可见，即读者在单板的外观上、功能或使用中根本无法区分出两种类型。那么两种单板的信息可以删除，见【修改后（1）】。

情况二：SFU 的两种类型的单板对于读者来说，有明显的外观差异、不同的功能及使用方式不同，需要给出两者的差异说明，见【修改后（2）】。

【修改后（1）】

> **交换网板SFU**
>
> SFU板是非级联交换网板，完成系统中的数据报文的高速交换功能。
>
> 本系统中最多可以配置3块SFU板，实现“2+1”冗余保护配置。

【修改后（2）】

> **交换网板SFU**
>
> SFU板是非级联交换网板，完成系统中的数据报文的高速交换功能。
>
> 本系统中最多可以配置3块SFU板，实现2+1冗余保护配置。
>
> SFU单板有两种类型：M6K-SFU-S2、M6K-SFU-S3。两种类型的单板的外观和功能基本相同。M6K-SFU-S3和M6K-SFU-S2的区别是：M6K-SFU-S2可以实现32G的报文交换，M6K-SFU-S3可以实现64G的报文交换。

3.2 可读性

可读性是指读者阅读和理解文档的方便程度。人们对阅读理解的过程应该是渐进式的，根据这个特征，可读性包含易读、易理解两层含义。

- 易读是语言层面的要求，通常表现为对词语、段落、句子以及对图、表、项目列表等的要求。
- 易理解是指在语言简洁明了、语义明确的基础上，能借助一定的编写技巧帮助读者理解文档所要表达的含义。通常的手段包括举例、定义术语、一目了然的标题、概括中心思想和“傻瓜式”操作步骤。

可读是技术文档最基本的要求。技术文档写作四大“黄金法则”中的三大法则是关于可读性的，即：

- 语言简洁明了；
- 图表优于文字；
- 例子增加理解。

在文档开发流程中，需要在不同阶段（特别是文档写作阶段）关注可读性的质量要素，见表 3-2。

表 3-2　　可读性的质量要素

质量要素		工作过程								
		需求分析	架构设计	文档写作				文档发布	文档交付	文档维护
				准备学习	内容组织	内容编写	内容自检			
易读	采用恰当的词汇					√				
	采用语义明确的句子					√				
	保证段落的清晰				√	√				
	遵循模板和样式					√		√		
易理解	举例增强理解		√			√				
	术语和缩略语准确定义			√		√		√		
	标题反映主题		√			√				
	概述有机联系上下文				√	√				
	Step by Step					√				

3.2.1　易读

易读性保证了读者在第一次阅读时就能够很容易地读取文档内容，而不需要：

- 分析句子语法或逻辑关系；
- 解读含糊难懂的内容；
- 猜测和挖掘隐含的意思。

易读性不是一蹴而就的，通常需要多次修改。为保证文档的易读性，下面从词汇、句子、段落、正文 4 个维度进行阐述，给出具体的指导原则。

3.2.1.1　采用恰当的词汇

词汇是指文档中所有的词和固定短语的总和。

（1）突出含义，简洁易懂

① 避免使用介词、连接词、转折词，比如，此外、不仅……而且……、主

要、分别是、即、首先、然后、再然后、最后……尤其是在列举多项内容时，会让读者产生混淆，不易理解。

【原文】

> 安装膨胀螺栓首先需要根据规划位置和安装孔位要求在墙面上打孔，然后将膨胀螺栓敲入孔位并拧紧螺母，然后拧下膨胀螺栓螺母，拆下弹垫和平垫。即可完成膨胀螺栓的墙内安装。

【点评】

> 技术写作中，请避免“首先”、“然后”、“最后”等字样，建议采用Step by Step的描述方式。

【建议修改】

> 膨胀螺栓的安装步骤如下：
> （1）根据规划位置和安装孔位要求在墙面上打孔。
> （2）将膨胀螺栓敲入孔位并拧紧螺母。
> （3）拧下膨胀螺栓螺母，拆下弹垫和平垫，膨胀螺栓墙内安装完成。

② 避免使用表示程度、强调语气的副词。技术文档是严谨的，要给出准确的描述，不要出现模棱两可的表达。

- 表示程度的词：较多、较好、很好、几乎、完全地、基本地、决定性的、最后的、仅仅、事实上、相当地、值得注意的、等、几个、大约……

【原文】

> 在软件安装过程中，有部分步骤需要将刀片与显示器、鼠标、键盘等外设连接，IGSU1与OMU1的后插版均为RSB/A或RSB/B，这里以RSB/A为例（RSB/C的连接基本相同）。

【点评】

> “基本相同”说明不完全相同，那么两者的区别在哪里？
> “部分”步骤，是哪几部分？
> “等”，除显示器、鼠标、键盘还有其他的外设吗？

- 强调语气的副词：难道、岂、究竟、毕竟、竟然、居然、偏偏、索性、简直、大概、莫非……

【原文】

小灵通作为“固话的补充和发展”，毕竟不同于3G；
作为特殊时期的产物，小灵通竟然存在了这么多年，究竟是什么原因呢？
小灵通难道不同于3G吗？
在3G前夜，小灵通居然为运营商抢占了大批用户。

【点评】

语气副词“毕竟”、“究竟”、“竟然”、“居然”、“难道”，表示出作者对描述内容的态度以及情感，带有作者的主观意志和对客观事物的看法。
我们可以描述小灵通的来源、发展史、技术原理、使用情况、优缺点、历史数据，但不要代替读者下一个主观的判断。

③ 避免使用代词，请给出完整的称呼。

这里的代词不仅仅是严格意义上的代词（这、那、它），也包括有指代含义的词（例如，上文、前面、类似、前者、后者……）。

【原文】

呼叫转移（前转）是一种新业务，它不但可以在用户话机上通过拨号登记和撤销，也可以在后台维护系统中通过人机命令直接进行，后者应用在大批量集中维护的场景下。

【点评】

“它”是第三人称，含有性别特征，建议改为“该业务”，“后者”是容易让读者犯糊涂的词，请给出完整的称呼。

【建议修改】

呼叫转移（前转）是一种新业务。该业务有两种登记/撤销方法：
- 在用户话机上通过拨号登记/撤销；
- 大批量集中维护时，在后台维护系统中，通过人机命令登记/撤销。

（2）避免歧义，明确是否

语义要明确，不能有多种解释，要明确“是”或“否”。这一要求对于翻译和非母语读者尤其重要。可以从以下几个方面避免歧义。

① 请使用含义明确的词语。多义词让人难以理解，特别是多个含义都适合上下文的时候。

【原文】

打开电源开关。

【点评】

“打开”一词因为环境不同有接通电源开关和断开电源开关之意。也可能是打开电源开关盒的意思。

【建议修改】

按下电源开关。或者，置电源开关为“ON”状态。

② 请使用正确的修饰词，避免长串的名词，并注意修饰词的位置。中文允许把名词当做形容词来修饰或限定名词。应避免采用多个连续的名词，否则，会加大读者阅读和理解上的难度。

【原文】

“系统的时钟和主控单元”

【点评】

会出现两种可能的理解：

- （名词1+的+名词2）+和+名词3
- 名词1+的+（名词2+和+名词3）

【建议修改】

- 系统的时钟和系统的主控单元
- 主控单元和系统的时钟

③ 注意容易混淆的词汇。如“登录”和“登陆”，“节点”和“结点”。每

个名词都有自己特定的含义，不能混淆。

④ 涉及时间的时候，用具体的年月日来表示，不要用相对的时间（如“过去、今天、将来”之类）。

（3）规范用语，称呼一致

① 采用规范的书面用语，不使用口语、俗语或者俚语。使用俗语或者俚语，可以拉近与读者的关系，也可能让读者有兴趣，但俗语带有强烈的地方色彩，技术文档的读者遍布全国，乃至全球，一句“身体倍儿棒，吃嘛嘛香”，恐怕只有天津周边的人能理解了。

网络语言也是一样，建议少用。

② 注意词汇、术语的前后统一。产品名称按照对外正式公布的产品名称命名，全文保持一致。

对同一模块、单板、特定概念、术语等称呼，全文保持一致。

【原文】

BIM（BDS系统接口模块）完成BDS柜（单框设备）与外部设备（PWS、BDS、RFS）相连的接口功能。BIM有7种接口板类型，总计12块接口卡。其中BIM0-BIM5为可拔插的无源单板，BIM6为不可拔插的光纤接口板。
各类型子卡只能插对应槽位，不支持混插。结构排列示意图如下图所示。

BIM0	BIM1	BIM1	BIM1		BIM6	BIM1	BIM2	BIM3	BIM4		BIM6	BIM6	BIM5
Slot0	Slot1	Slot2	Slot3	Slot4	Slot5	Slot6	Slot7	Slot8	Slot9	Slot10	Slot11	Slot12	Slot13

【点评】

上面对BIM的描述，有接口卡、单板、接口板、子卡，需要统一为“接口板”，便于理解。

（4）计量单位，国际标准

① 对于计量单位，如果文档是面向国际的，则应采用国际标准（公制）；如果文档是面向国内读者的，则应采用国家标准和行业标准。

② 注意计量单位的大小写。

例如：

- GHz　　千兆赫兹 gigahertz
- Hz　　赫兹 hertz

- KB　　千字节 kilobyte
- Kbit/s　　千比特每秒 kilobits per second
- Mb　　兆比特 megabit

3·2·1·2　采用语义明确的句子

句子是由词汇文字构成的，以句号结尾，能够表达完整的意思。句子中禁止出现错别字，英文的拼写要正确。

（1）语法准确，动词恰当

技术文档中的句型，建议采用陈述句、祈使句型和主动语态。也就是下面举例中的 B 和 D 两种方式。

> A “我们把伞撑开了”
> B “我们撑开了伞”
> C “伞被我们撑开了”
> D “撑开伞”
> E “伞难道没有撑开吗？”

① 技术文档中，一句话只能有一个动词。值得注意的是，汉语中很多词既可以做动词，也可以做名词、助词等。如“我们把伞撑开了”中的“把”在有些情况下，是可以做动词的。为不产生歧义，尽量不要用这种句子，用“我们撑开了伞”来表达。

② 去掉与主题无关的修饰信息，精简语句，突出主旨。

【原文】

> 呼叫转移（前转）是一种应用比较广泛的新业务。为了方便起见，此业务不但可以在用户话机上通过拨号登记和撤消，也可以在后台维护系统中通过人机命令直接进行，后者的优点是可以由局方大批量集中维护。

【点评】

> - 对维护阶段的文档，“销售性”的语句不再必要，所以去掉“应用广泛”、“为了方便起见”、“后者的优点是可以由局方大批量集中维护”等语句。
> - “后者”是容易让读者犯糊涂的词，在科技写作中，应该避免“前者”、“后者”等词，应给出完整的称呼。

【建议修改】

> 呼叫转移（前转）是一种新业务。该业务有两种登记/撤销方法：
> - 在用户话机上通过拨号登记/撤销；
> - 大批量集中维护时，在后台维护系统中，通过人机命令登记/撤销。

（2）句子完整，不长不短

请采用主谓宾清晰的句式结构，使用简单句和并列句，避免使用复杂的句型。

复杂句型多半带有一定的感情色彩，会产生理解歧义，不建议使用。

一个句子建议不超过 100 字。怎样的句子算长句呢？说明如下：

① 一个句子使用了多个宾语、定语。

【原文】

> R2300型商用计算机包含了主机（1G内存、独立显卡、DVD-R/W）、17寸彩色液晶显示器、PS2标准键盘、USB无线接口鼠标，以及预装LINUX系统4部分。

【点评】

> 这种结构在技术写作中并不合适，阅读起来比较费事。建议采用列项的方式去表达，会更容易理解。

【建议修改】

> R2300型商用计算机配置如下：
> - 主机（1G内存，独立显卡，DVD-R/W）
> - 17寸彩色液晶显示器
> - PS2标准键盘
> - 无线接口鼠标
> - 预装LINUX系统

② 一个句子中使用了很长的定语、状语和补语。

下例中，作者使用了很长的定语和补语，希望在一个句子中交代他认为的很多的东西，却适得其反。

【原文】

在3G前夜，作为特殊时期的产物，作为“固话的补充和发展”的小灵通，为固网运营商抢占了大批用户，有着资费廉价、绿色环保、带宽独享的优点，同时又有功能少、覆盖差、不能漫游、重复建设的缺点。

【建议修改】

小灵通是特殊时期产物，在3G前夜为固网运营商抢占了大批用户。小灵通作为“固话的补充和发展”有如下特点：

- 资费廉价
- 绿色环保
- 带宽独厚
- 功能少
- 覆盖差
- 不能漫游
- 重复建设

（3）尊重读者，尊重文化

技术文档与文学、政治、宗教、哲学等方面的作品不同，技术文档关注的重点在于读者的技术和学术方面，要避免评价、暗示或冒犯读者的国籍、性别、种族、宗教、文化、审美观以及价值观。因此，在技术写作中，需要注意下面6点：

① 避免幽默的语句；

② 请不要出现“我认为”、“我建议”；

③ 避免激情的阐述；

④ 避免政治、宗教色彩；

⑤ 避免时代色彩，避免性别化；

⑥ 请不要对读者进行评价。

3·2·1·3 保证段落的清晰

段落是构成文档的基本单位，段落一般由多个句子构成，也包括图、表等内容。

- 一个段落只有一个主题或一个中心句。
- 将中心句放在段首，对全段内容进行概述。后面的句子作为说明、展开、论据陈述，为中心句服务。

- 一个段落建议不超过200字，最佳长度建议在4行左右。
- 多使用图、表，不要单一地使用文字段落来陈述，“文不如表、表不如图”。

（1）善用列表

列表可以很好地展现相似的信息，使文档组织更有条理、重点更突出。

列表分两种，一种是有编号的如1、2、3，或者A、B、C，称为有序列表；另一种是无编号的，如●、※，称为无序列表。

- 段落中并列功能的句子，建议使用无序列表；
- 段落中有顺序性的、有优先级的，建议使用有序列表，典型的如操作过程；
- 如果列表下一级还会出现列表，那么上一级列表建议采用有序列表。

【原文】

> IM作为企业内员工的沟通协作工具，整合了会议电话、单方电话、在线聊天、手机短信、企业通讯录、文件传输、单点登录等功能，使网上的沟通越来越方便和直接。首先，聊系人管理功能用于对联系人及联系人组进行维护管理，包括联系人以及分组的新建、修改、删除等。其次，文字消息管理用于提供在线聊天、查看聊天历史记录、发送文件等功能。再次，通话管理用于提供单方语音通话、会议电话功能，使沟通更加顺畅。最后，还有短信管理功能。

【建议修改】

> IM作为企业内员工的沟通协作工具，提供以下功能。
>
> - 联系人管理功能
>   用于对联系人及联系人组进行维护管理，包括联系人以及分组的新建、修改、删除等。
> - 文字消息管理功能
>   包括在线聊天、查看聊天历史记录、发送文件。
> - 通话管理功能
>   包括单方语音通话、会议电话功能。
> - 短信管理功能
>   包括发送短信和接收短信功能。

（2）善用表格

如果多个信息包含相同的属性且属性的内容各不相同，使用表格（一个属性一列）可以更好地展现这些信息。表格以其特有的逻辑性和准确性，可以使表达的内容更简洁、更清晰。

表格的使用原则介绍如下。

① 表格要与相关的正文呼应。

- 文引表：表格之前必须有引文，表格出现在“参见表×—×”之后。
- 表就位：表格编排在引文的下方。
- 表配文：正文对表格做简要说明。

② 同类表格建议在全文保持风格一致。

【原文】

X5、X6、X7、X8：分别用于选择2MHz基准2MHz0、2MHz1、2MHz2、2MHz3的线路匹配阻抗。当1脚和2脚连接时，与120Ω特性阻抗匹配。当2脚与3脚相连时与75Ω特性阻抗匹配。

【修改后】

跳线	跳线功能	特性阻抗	
		1脚～2脚	2脚～3脚
X5	选择2MHz基准2MHz0的线路匹配阻抗	120Ω	75Ω
X6	选择2MHz基准2MHz1的线路匹配阻抗	120Ω	75Ω
X7	选择2MHz基准2MHz2的线路匹配阻抗	120Ω	75Ω
X8	选择2MHz基准2MHz3的线路匹配阻抗	120Ω	75Ω

（3）善用图形

当文字描述难以表达清楚时，用图形进行说明是必要的。图形能形象直观地展示产品的特征和特点，是技术文档的重要表达方式。直观的图形能更好地满足读者的阅读心理。

另外，与软件有关的技术文档中，一定会用到界面，界面也是一种图形。软件的说明和操作指导建议用截图的方式进行表述。截取的界面中要有丰富的信息量。

图形要与相关的正文呼应。

- 文引图：图形之前必须有引文，图形出现在“如图×—×所示”之后。
- 图就位：图形编排在引文的下方。图形与相关的正文尽量设置在同一页面，便于读者查阅。

- 图配文：图中每一部分的特征、作用及符号，图注或正文中必须有说明。

图形示例一：

【原文】

膨胀螺栓的安装步骤如下：

1）根据规划位置和安装孔位要求在墙面上打孔。

2）将膨胀螺栓敲入孔位并拧紧螺母。

3）拧下膨胀螺栓螺母，拆下弹垫和平垫，膨胀螺栓墙内安装完成。

【点评】

相比较上面的文字描述，采用图形描述将更直观，指导性会更强。

【修改后】

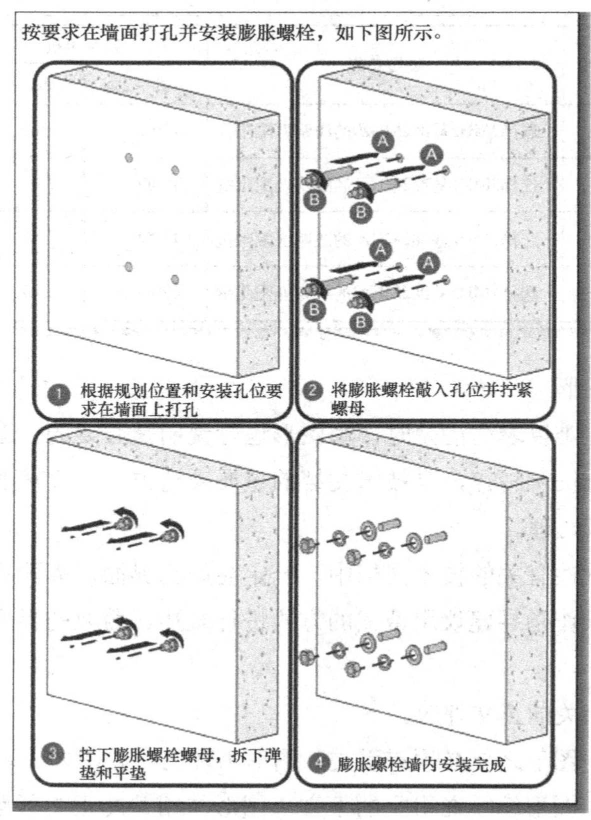

图形示例二：

【原文】

ZXCTN设备两两对接时，可在NNI（Network Node Interface，网络节点接口）侧使用LAG（Link Aggregation Group，链路聚合组）功能实现端口保护，其应用示意图如图4-5所示。PE1和PE2设备通过组成LAG组的两个GE端口对接，这两个GE端口之间互为主备。当一个GE端口发生故障时，另一个GE端口承载所有业为，保证业务正常运行。

图4-5 LAG应用示意图（NNI侧主备模式）

LAG
GE1
GE2
PE1
PE2
PE3
BTS/NodeB
BSC/RNC
Tunnel
ZXCTN设备
设备直连线
设备非直连线

【点评】

本例中，如果仅是文字描述，不会给读者带来直观的印象，阅读起来将会非常枯燥，甚至失去读下去的兴趣。增加一个拓扑图后，图文并茂，相得益彰，带给读者的体验发生了巨大的改变。

截图示例一：

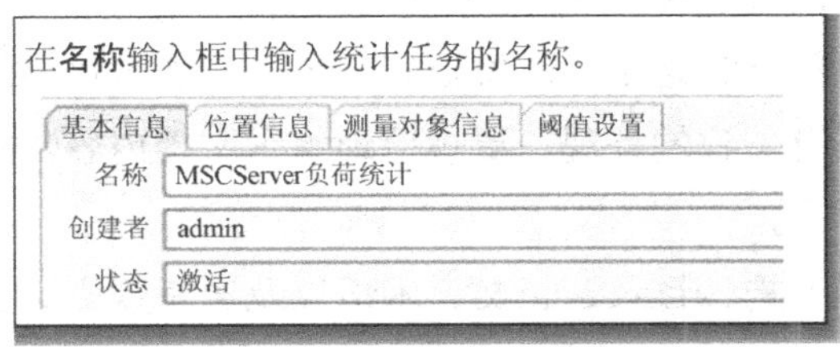

在**名称**输入框中输入统计任务的名称。

基本信息 | 位置信息 | 测量对象信息 | 阈值设置

名称	MSCServer负荷统计
创建者	admin
状态	激活

截图示例二：

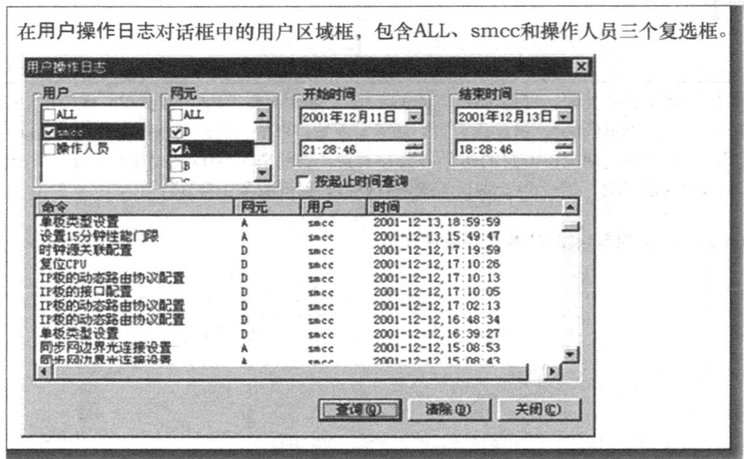

截图示例三：

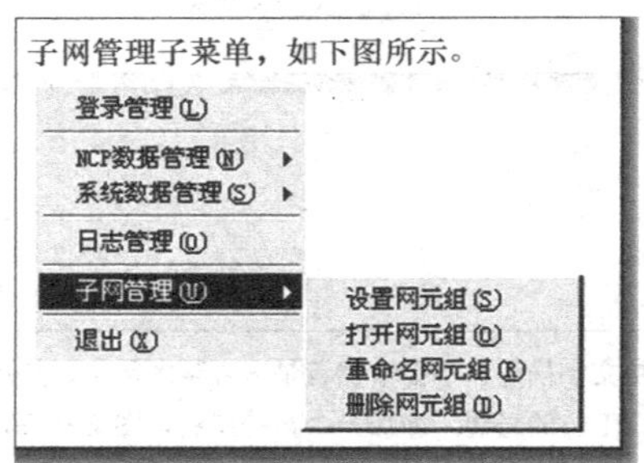

3.2.1.4 遵循模板和样式

正文是文档的主体，由多个段落构成。为保证文档的一致性，文档中的所有正文部分需要遵循统一的约定、标准和规则。

许多企业或组织会制定专门的模板和样式。作者可以借助预先制定的模板和样式，使文档具有一致的外观，更规范地组织文档内容，进而减轻后期文档标准化和美化的压力。

模板涉及文档架构、目录、正文、术语以及语言规则。在文档架构设计、文档写作及排版的过程中，应该遵守企业或组织所制定的文档模板。使用模板可以确保不同文档拥有一致的结构，视觉上也相似，这一点对于同一文档体系中的文档来说尤其重要。

样式规定了语气、语法、标点及表现形式的选用规范。例如，约定哪些文本需要突出显示、约定使用的语调、约定采用哪种拼写、约定从省略号到网址等各个方面的使用规范，等等。

- 样式可以帮助作者采用统一的约定来开发文档。在技术写作开始之前就应该准备好样式规范。
- 样式不仅仅是对内容的装饰，样式还帮助读者理解文档。
- 详细的样式规范，保证了所有文档的一致性，进而提升文档信息的可信度。

3.2.2 易理解

上一节介绍了语言层面的编写技巧，确保读者可以轻松地读一篇技术文档，不用去梳理句子逻辑、猜测和挖掘隐含的意思。但是轻松阅读并不代表就能理解文档内容。这一节将从下面 5 个方面探讨使文档变得容易理解的编写技巧。

- 举例增加理解：示例和比喻可以让生硬的概念、原理变得生动起来。
- 术语和缩略语准确定义：准确定义新出现的概念、缩略语，并且保证在阅读的过程中查询方便。
- 标题反映中心思想：反映中心思想的标题可以帮助读者定位到需要阅读的信息。
- 概述有机联系上下文：包含丰富信息量的概述可以有机连接上、下文，让读者理解作者的架构思想。
- Step by step：一个步骤包含一个要执行的动作，让读者变"傻瓜"，按部就班地执行就能轻松完成任务。

3·2·2·1 举例增强理解

在技术文档中，许多技术内容是抽象的，而抽象的内容往往是难以理解的。因此，优秀的作者需要把抽象的内容与具体的事物相联系。举例是较为常用的一种方法。

以下是举例的一些指导原则。

① 在概念主题中，可以使用示例来帮助定义一个概念。

在下图示例中，作者使用示例帮助读者理解话单文件文件名的各个组成部分。

1.2 话单文件命名

文件名的命名规则

Prefix + "_" + Net type mark + "_" +Service key + "_" + Serial number + "_" + Date + "."
+ Suffix

文件名示例
in01_G_33_000001_20100429.r

- in01：表示该话单文件保存在SCPH上。
- G：表示该话单文件中的话单记录对应GSM网络的呼叫。
- 33：该话单文件的业务键为33。
- 000001：该话单文件的序列号为000001。
- 20100429：产生该话单文件的时间为2010年4月29日。
- r：表示该话单文件已经生成完毕。

② 在任务主题中，可以对整个任务或者某个操作步骤举例。

在下图示例中，作者针对第 4 步举了一个例子，让读者快速了解存盘文件名的各个部分如何设置。

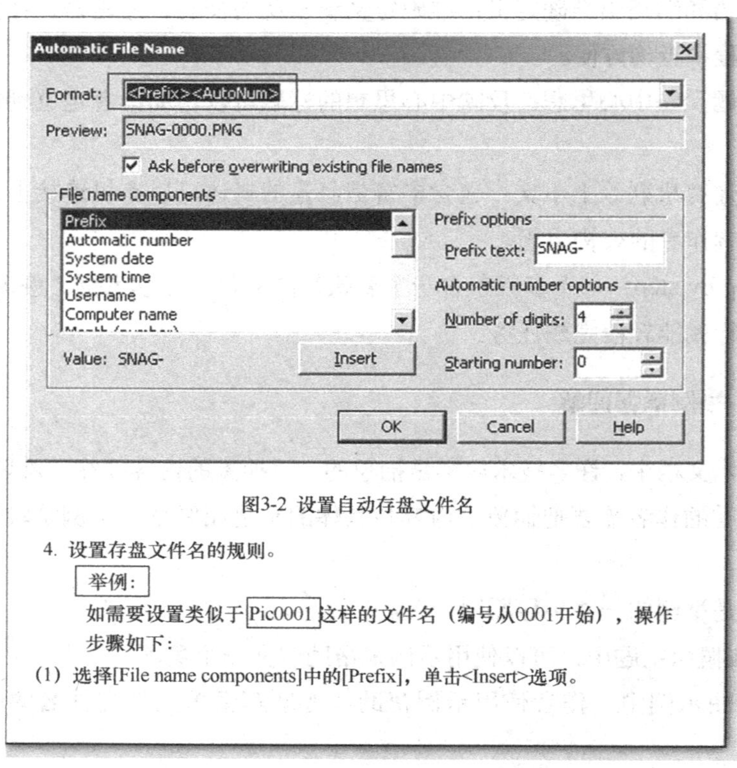

图3-2 设置自动存盘文件名

4. 设置存盘文件名的规则。

举例：

如需要设置类似于Pic0001这样的文件名（编号从0001开始），操作步骤如下：

(1) 选择[File name components]中的[Prefix]，单击<Insert>选项。

③ 在参考主题中，可以使用示例帮助读者理解命令的语法结构和使用。

3.4.8 charge offline tariff

命令功能

该命令在SGW的APN配置模式下执行，用于设置时间段内离线计费的费率。

命令格式

charge offline tariff (begin<hh:mm>) (end<hh:mm>) (rate<0-100>)

参数说明

参数	取值	描述	设置说明
begin	hh:mm	表示配置费率开始时间	格式：小时：分钟 支持半点的整数倍，即00:30、1:00、1:30……
end	hh:mm	表示配置费率结束时间	格式：小时：分钟 支持半点的整数倍，即00:30、1:00、1:30……
rate	0～100	计费费率（%）	取值范围：0～100的整数 单位：百分比

命令示例

设置离线计费费率切换起始时间为1点，结束时间为7点，计费费率为60%，则输入以下命令：

*sgw (config-xgw-sgw-apn)#***charge offline tariff** begin 01:00 end 07:00 rate 60

④ 提供样例，让读者在实际操作中加深理解。

如在微软 Excel 软件的帮助文件中，建议用户复制示例到自己的文档中，通过实际操作加深理解。

3.2.2.2 术语和缩略语准确定义

术语（terminology）是在特定学科领域用来表示概念的称谓的集合，在我国又称为专有名词。如云计算、智能网。

缩略语（acronym）由词组的首字母或关键字母构成，有些可以连读成词。如 GSM。

在文档中对术语和缩略语进行解释，可以使得读者和作者的理解达成一致。有如下一些指导原则：

- 术语和缩略语的定义要全文一致。
- 篇幅较大的印刷文档，文中首次出现的术语和缩略语要进行解释，并且在附录引入术语和缩略语表。

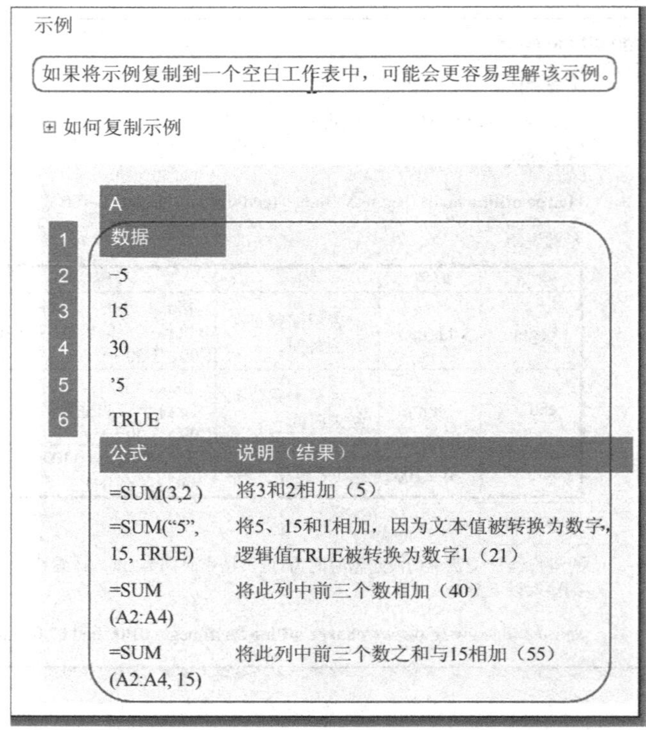

示例

如果将示例复制到一个空白工作表中，可能会更容易理解该示例。

⊞ 如何复制示例

	A
1	数据
2	-5
3	15
4	30
5	'5
6	TRUE

公式	说明（结果）
=SUM(3,2)	将3和2相加（5）
=SUM("5", 15, TRUE)	将5、15和1相加，因为文本值被转换为数字，逻辑值TRUE被转换为数字1（21）
=SUM (A2:A4)	将此列中前三个数相加（40）
=SUM (A2:A4, 15)	将此列中前三个数之和与15相加（55）

例如下面的例子，文中第一次出现缩略语 TTS 和 MS 时，在括号中给出缩略语全称：

设置媒体文件的上传路径

管理员可以单独为一个操作员设置媒体文件的上传路径。在设置成功后，该操作员组下的话务员在登录座席后产生的语音文件、传真文件和TTS（Text To Speech文本转语音）文件，将上传并保存到设置的MS（Media Server媒体服务器）指定路径。

同时在文档附录部分，制作一个缩略语表：

- 篇幅较小的印刷文档，可以将术语和缩略语的定义集中放在全文的最前面。

例如在软件模块详细设计文档中，第 2 章集中对术语和缩略语进行定义。

缩略语

MS
-Media Server，媒体服务器
NFS
-Network File System，网络文件系统
NGCCMAX
-NGCC Management，NGCC管理系统
RTQ
-Route and Queue，路由排队
SCM
-Service Control Management，业务控制管理
SIP
-Session Initiation Protocol，会话初始协议
TTS
-Text To Speech，文本转语音

⊞ 1 引言
⊞ 2 术语、定义和缩略语
3 相关文档
⊞ 4 概述
⊞ 5 设计思路
⊞ 6 模块结构
⊞ 7 协作流程
8 类设计
⊞ 9 数据定义
10 函数设计

2 术语、定义和缩略语

2.1 术语、定义

本文使用的专用术语、定义见表2.1。

表2.1 术语、定义

术语/定义	英文定义词	含 义
Agent	Agent	坐席
CTRL模块	Controler Module	总控模块
LGSVR	Log Server	日志服务器模块
PRE模块	Predeal Module	预处理模块
RST模块	Rest Module	离席模块
RTQ模块	Router&Queue module	路由排队模块
ZXTN	ZhongXin Intelligence Network	中兴智能网平台

2.2 缩略语

本文使用的缩略语见表2.2。

表2.2 缩略语

缩略语	英文全称	中文含义
ACD	Automatic Call Distributor	自动呼叫分配器（排队机）
CSTA	Computer Supported Telecommunications Applications	计算机支持电信应用
CTI	Computer Telecommunications Integration	计算机通信集成

- 电子文档和联机帮助，使用弹出注释框或链接。

例如，在一些企业的用户文档包中，鼠标指向术语和缩略语时，会弹出一个注释框，对术语和缩略语进行解释。

> 关于GK的几点说明：
> Gate Keeper--网守
> - 基本功能：地址解析、带宽控制、许可控制和区域管理。
> - 可选功能：带宽管理、呼叫鉴权、呼叫控制路由和呼叫管理。

例如，在一些企业的PDF格式用户文档中，点击术语和缩略语的链接（一般为蓝色字体，带下划线），就会转到术语表和缩略语表。

- 术语定义要清晰，可以适当使用举例。

【原文】

> 属性：类或对象所固有的特性。一个属性可以有一个值。

【修改后】

> 属性：类或对象所固有的特性。一个属性可以有一个值。例如，一个保险应用程序的驱动程序属性可能包括出生日期，性别，交通违规行为。这些属性的值可能是1978年5月3日，女性，0。

修改前，对属性的定义比较拗口；修改后，增加一个举例，变得容易理解。

【原文】

> 1. 索引项（index entry）：一个键和一个指针配对在一起。
> 2. 键（key）：索引项的组成部分。
> 3. 指针（pointer）：索引项的组成部分。

【修改后】

> 1. 索引项（index entry）：一个键和一个指针配对在一起。
> 2. 键（key）：从一个数据记录中获取的一个或多个连续的字符，用于识别记录和建立它的序列。
> 3. 指针（pointer）：地址和其他位置指示。

原文没有对键（key）和指针（pointer）做出实质的定义，修改后定义比较清晰。

3.2.2.3 标题反映主题思想

读者看技术文档通常是通过看目录结构、看标题，定位自己需要阅读的信息。所以标题要能提供主题的中心思想，把读者吸引到主题上来。

接下来介绍写作标题时的一些基本要求，以及标题的语法结构。

① 标题要能反映出主题的中心思想。

标题要避免使用通用的短语，例如“配置属性”，因为属性是一个过于宽泛的概念。建议改为有明确含义的标题，例如“配置黑名单”。

② 标题要用词或者词组，不要用句子，不要带标点符号，不对缩略语进行解释。

③ 任务主题的标题采用动宾结构。

动宾结构为“动词＋主题词”。例如，安装单板、配置用户数据。

④ 概念主题的标题采用名词或者偏正的名词词组。

常用的几种结构如下：

- 名词词组，例如，“技术指标”、“外观尺寸”。
- 主题词+动词，例如，“母板插框槽位说明”。
- 定语+主题词，例如，“交换网板的安装”，“交换网板的结构”。
- 介词+定语+主题词，例如，“对空间规划的要求”。

⑤ 参考主题的标题采用名词或者代码。

例如：

- 命令文档中，直接用命令名作为标题。例如“create_user”，没有必要将标题设为“create_user 命令说明”。
- 告警文档中，直接用告警码作为标题。例如用“告警码 13309”作为标题，没有必要将标题设为“告警码 13309 处理”。

⑥ 上一级标题下的同一级标题，建议用同一种结构。

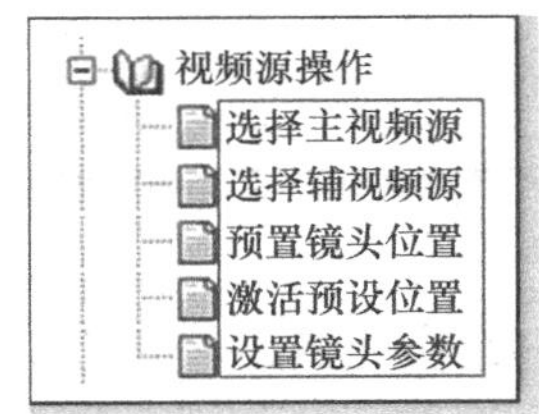

3·2·2·4 概述有机联系上下文

一章包括多个主题，为什么要把这些主题放在一章里面？通过一段概述，可以阐述主题之间的关联关系，可以让读者了解组织信息块的思路，从而使读者更易找到他们需要阅读的信息，更好地理解这些信息。

同理，上一级主题下有多个次一级主题，这些次主题之间的关系是什么样的，也可以通过在上一级主题中编写一段概述来描述。

【原文】

示例程序

在InforProduct公司提供的光盘中，提供了一个示例程序。可以使用此示例程序在示例数据上体验所有的特性。

2.1 安装示例程序　　//任务主题
2.2 配置示例程序　　//任务主题
2.3 启动示例程序　　//任务主题
2.4 示例程序文件说明 //参考主题
2.5 卸载示例程序　　//任务主题

原文使用一个概念主题作为概述，介绍什么是示例程序，并且列出了所有的主题，包括 4 个任务主题和 1 个参考主题。在这个概述中，没有对章节之间的关系做一个明确的阐述。

【修改后】

配置和使用示例程序

在InforProduct公司提供的光盘中，提供了一个示例程序。可以使用此示例程序在示例数据上体验所有的特性。

请按以下步骤配置和使用示例程序：

2.1 安装示例程序
2.2 配置示例程序
2.3 启动示例程序

相关参考信息请见：

2.4 示例程序文件说明
2.5 卸载示例程序

修改后，采用一个任务主题作为概述，介绍了前面 3 个主题的阅读和操作顺序。

3.2.2.5 Step by step

在一个任务主题中，操作步骤是主体，如果步骤不清晰或者步骤的顺序不正确，将会使读者理解错误，无法完成任务。步骤分为以下几种。

- 固定顺序步骤：是需要严格按照顺序执行的步骤，一个步骤一个动作。
- 可选步骤：是为了达到某个目的可采取的多种步骤。
- 分支步骤：是指对于不同的目的或者情况，进行不同的操作。
- 子步骤：一个步骤中包含几个子操作，称为子步骤。
- 跳转步骤：是指实际步骤与描述步骤次序不一致时出现的跳转。

要使步骤清晰，需要：

（1）每个步骤都必须包含人执行的操作。建议一个步骤包含一个操作，step by step。人执行的操作可以是：

① 键入一条命令或命令集。对于命令集，又需按照各命令的顺序来进行描述。

② 对于图形界面，可能为：

- 选择一个菜单；
- 选择一个页签；
- 在界面中单击一个动作按钮；
- 在界面输入一个参数。

（2）不能把软件本身执行的动作当成步骤，它应该是用户操作行为的结果。例如弹出一个界面、命令回显一行信息。

（3）可选步骤可以使用无序项目列表方式。例如：

> 选择下列任一方式打开新建界面：
> - 选择菜单[文件→新建]。
> - 在工具栏中单击🗋按钮。
> - 按Ctrl+O组合键。

（4）分支步骤可以使用表格方式。例如：

如果……	那么……
将文件中的图像插入Word文档中	在Word文档中，将光标停留在需要插入图像的位置，通过下列步骤插入图像： 1. 选择菜单[插入→图片→来自文件]。 2. 选择需要插入的图片文件，单击“插入”按钮。
将剪贴板中的图像插入Word文档中	在Word文档中，将光标停留在需要插入图像的位置，通过下列步骤插入图像： • 选择菜单[编辑→粘贴]。 • 按Ctrl+V组合键。 • 单击鼠标右键，选择快捷菜单[粘贴]。

如果……	那么……
BSCID未配置	1. 选中自动配置BSCID前的复选框。 2. 单击确定按钮。 3. 单击“下一步”按钮。
BSCID已配置	单击“下一步”按钮。

（5）对步骤进行归类，使用子步骤方式表示，让读者更加理解操作目的。

【原文】

按照以下步骤设置用户账号：

1. 选中profile，右键单击鼠标。
2. 在快捷菜单中选取中profile。
3. 在profile窗口中，查询profile文件名称和路径。
4. 关闭profile窗口。
5. 用文件编辑器打开profile文件。
6. 保存profile文件。
7. 运行profile命令。

【修改后】

按照以下步骤设置用户账号：

1. 确定需要设置的用户账号名称。

a. 右击需要设置的profile项目，在快捷菜单中选取中profile。

b. 在profile窗口中，查询profile文件名称和路径。

2. 设置新的用户账号。

a. 用文件编辑器打开profile文件。

b. 在设置区域中设置权限。

3. 保存profile文件。

4. 运行profile命令。

（6）跳转步骤示例如下。

1. 记录故障信息。
2. 检查设备是否为新安装。
   - 是→3
   - 是→4
3. 重新插拔服务器的硬件单元，查看故障是否解决。
   - 是→10
   - 是→4
4. 是否新增或减少过服务器的硬件单元，且修改过服务器配置。
   - 是→7
   - 是→5

3.3 舒适性

文档的舒适性是指读者在使用文档和阅读内容的过程中，对文档呈现的样式效果欣然接受、感觉舒服的综合感受的程度。

文档的舒适性主要体现在以下 3 点：

- 文档获取便捷；
- 内容检索高效；
- 阅读感受舒适。

一个企业或者组织具备样式模板和写作规范，是保证文档舒适性的一个重要法宝。在文档开发流程中，需要在不同阶段（特别是文档写作和发布阶段）关注舒适性的质量要素，见表 3-3。

表 3-3 舒适性的质量要素

质量要素		工作过程								
		需求分析	架构设计	文档写作				文档发布	文档交付	文档维护
				准备学习	内容组织	内容编写	内容自检			
文档获取便捷	获取途径多样							√	√	
	文档容量适中					√				
	文档命名合理							√		

续表

质量要素		工作过程								
		需求分析	架构设计	文档写作				文档发布	文档交付	文档维护
				准备学习	内容组织	内容编写	内容自检			
内容检索高效	提供目录							√		
	提供适当的链接					√				
	提供导航和搜索功能							√		
	提供完备的索引					√				
阅读感受舒适	采用清晰的图、表					√				
	采用可识别的文字					√		√		
	采用合适的视觉元素					√		√		
	慎重使用颜色和阴影					√		√		

3.3.1 文档获取便捷

文档获取便捷是指文档能及时、准确地传递给读者，同时读者能根据需要方便地获取文档。

可以通过以下 3 点提高文档的易于获取性。

- 获取途径多样：提供多种文档获取途径，方便读者获取文档。
- 文档容量适中：文档容量不能太大。如果容量过大，印刷类文档不方便读者翻阅；电子类文档不方便读者下载和使用。
- 文档命名合理：文档命名合理、准确，使读者能在最短时间内凭文档名称就能找到需要的内容。

3.3.1.1 获取途径多样

获取途径多样是文档易于获取的一个主要方面。通过提供多种文档获取的途径，读者能自主选择适合自己的获取方式，最方便地获取文档。

对于企业或组织内部的技术文档，建议设置专门的文档服务器提供文档搜索、下载功能。如有保密需要，可在文档服务器上设置账户分级权限机制，关联相应文档的保密等级。

对于向第三方开放的技术文档，可设置以下获取途径：

- 通过网站提供文档下载。文档发布者维护一个网站，将文档放置在网站上，通过一定的认证和授权，给合法读者提供文档下载。网站应提供搜索、分类浏览等功能。
- 寄送文档。将技术文档（纸质印刷品或光盘等）直接邮寄给读者。

3.3.1.2 文档容量适中

文档容量适中是指：

（1）对于印刷类文档，需保证印刷品重量合适，保证读者较长时间手握阅读不感觉到累。如果文档页数不能删减，应考虑分成多个分册来印刷、装订。

（2）对于电子类文档：

- 如需安装，则安装步骤应尽量简明易懂，尽量无需安装其他补丁或附件；
- 使用时，尽量少占用系统资源，使读者能流畅阅读文档内容；
- 如需下载，要考虑到受下载速度的限制，总容量不能过大。

3.3.1.3 文档命名合理

文档的名称是内容的高度概括，而一篇文档的内容，则是明确的、相互关联的逻辑内容集合。

文档的命名应简短明确，使读者通过文档的名称即能大致了解本文档的主题内容。如果可能，提供本文档的前言和关键字作为辅助说明和参考。

如果技术文档作者所在的企业或组织已有成套的文档体系或文档命名规范，则技术文档的命名应遵循该体系或规范。

3.3.2 内容检索高效

读者在阅读一篇文档的时候，往往习惯于先对整篇文档的内容进行浏览，以确定是不是自己想要的文档，从而能够快速定位到所需要的内容，这就需要文档提供检索功能，而高效快捷的检索方法，可以使读者了解文档的整体结构以及大致内容。文档的内容检索高效主要包括以下几个内容：

- 提供目录；
- 提供适当的链接；
- 提供导航和搜索功能；
- 提供完备的索引。

3·3·2·1 提供目录

目录是文档正文前所载的目次，用来概况文档内容结构。文档内容通常被分为多个级别（章节），每个级别都有标题。目录的结构有助于展现一篇文档的层次结构。

目录应该包含但不仅限于一级标题，但不必列出所有章节的标题，同时目录的标题也不要太长。一个好的目录可以方便读者容易地看出章节的层次结构。

常见的目录可以分为正文目录、图目录、表目录、缩略语表、附录等。

正文目录示例：

目录

图目录示例：

图目录

对于电子文档，如PDF文件，可以在文档结构图中显示文档目录结构，标题还可以折叠、展开。在这种情况下，高级别的标题一目了然，并可以有选择地查看低级别的标题。

文档目录结构示例：

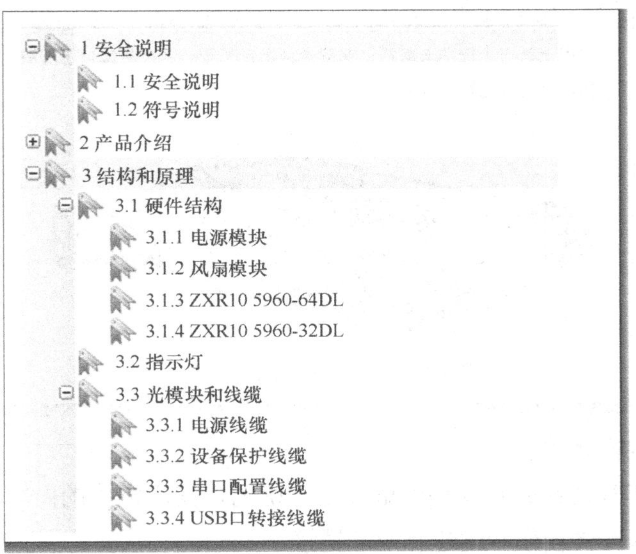

3.3.2.2 提供适当的链接

文档的链接主要分为文本链接和超文本链接。

- 文本链接是指在文档中从一个位置快速链接本文档中的其他位置。
- 超文本链接是指文本中的词、短语、符号、图像、声音剪辑或影视剪辑之间的链接，或者与其他的文件、超文本文件之间的链接，也称为“热链接”，主要应用在电子类文档中。超文本链接是对象之间或者文档元素之间的链接。词、短语、符号、图像、声音剪辑、影视剪辑和其他文件通常被称为对象或者称为文档元素，建立互相链接的这些对象不受空间位置的限制，它们可以在同一个文件内也可以在不司的文件之间，还可以通过网络与世界上的任何一台联网计算机上的文件建立链接关系。

在编写技术文档的时候可以通过增加链接的方式来提升文档的舒适性。在制作链接时主要遵循以下 3 个原则。

（1）链接要适当

要考虑什么情况下使用链接，什么情况下直接提供相关信息。只在读者关注或者是有需求的地方进行链接，不要出现大量无谓的链接。

由于链接加载往往需要几秒钟的时间，特别是网页信息的链接，所以在制作链接时应避免无用的、多余的链接。

文档中的链接示例：

如图3-6和图3-7所示，ZXR10 5952的主控板分为光接口主控板和电接口主控板两种，分别提供16GE以太网光线接口和16GE以太网电接口，2个监控接口，1个console口，1个管理网口。主控板上具有上行子卡插槽，支持多种上行子卡。主控板端口下方有对应的端口指示灯，指示灯的颜色指示说明见指示灯。

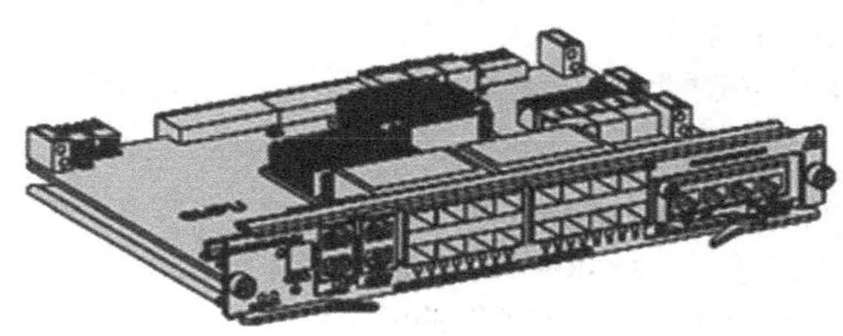

图3-6 ZXR10 5952E光接口主控板

（2）链接要有效

链接的有效性首先需要确保链接是正确的，其次链接的内容要清晰明确。以下几点可帮助文档作者创建有效的链接：

- 确保链接的文字描述了所链接信息；
- 对于若干个相似的链接，强调不同的部分；
- 链接不要太繁琐；
- 避免重复的链接。

好的链接示例：

1. 确认单板扳手是否合紧，即扳手上滑动块是否扣紧。
   - 是→转步骤3。
   - 否→转步骤2。
2. 合紧单板扳手，确认扳手已合紧的情况下H/S批示灯是否在闪烁后转至长灭状态。
   - 是→结束故障处理。
   - 否→转步骤3。
3. 打开单板扳手再次合紧，确认扳手已合紧的情况下H/S指示灯是否在闪烁后转至长灭状态。
   - 是→结束故障处理。
   - 否→联系中兴通讯技术支持人员进行处理。

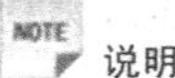
说明：

若H/S指示灯一直处于闪烁状态，参见“2.2.2　单板H/S指示灯闪烁”进行处理。

（3）链接信息要易于发现

创建一个好的链接还要考虑链接的样式，可以借助图标、子标题、标签等元素突出所链接的信息。链接的视觉效果要与正文区别开，一般阅读环境下使用不同颜色或下划线表示本段文字为一个可点击的链接。

链接信息易于发现示例：

> 初始配置步骤包括以下内容：
> - 通过Console口连接设备：介绍如何将PC与1ZXCTN 9000-E设备进行连接。
> - 启动设备：介绍如何在设备安装后启动设备。
> - 设备常用检查项：介绍设备的常用检查项，包括检查软件版本、单板接口状态等。
> - 设备常用配置项：介绍设备的常用配置项，包括设备名称、系统时间等。

3.3.2.3 提供导航和搜索功能

技术文档以某些电子文档形式（如 HTML）发布时，其描述的内容会越来越频繁地在多个网站或其他页面之间跳转，这就需要文档提供良好的导航和搜索功能。

（1）导航功能

导航功能可以使读者在不同文档、不同页面、不同段落甚至是不同网页之间进行自由跳转，并可以方便快捷地回到当前界面。导航也可以让读者清楚了解到自己需要查找的目标的位置以及当前所在的位置。

文档导航功能示例：

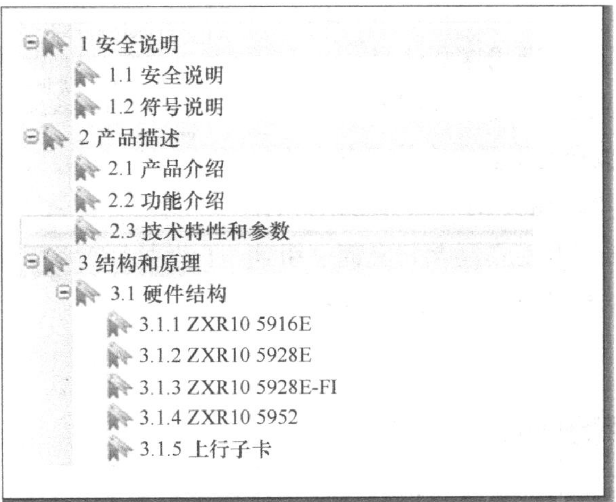

（2）搜索功能

搜索功能是读者最常用的检索方式，在编写文档前要清楚开发文档的工具支持哪些搜索功能，以便选择合适的开发工具。以 Word 为例，它支持查找、替换和定位 3 种功能。

Word 搜索功能对话框：

查找和替换

查找(D)　替换(P)　定位(G)

查找内容(N)：

选项：　区分全/半角

更多(M) >>　阅读突出显示(R)▾　在以下项中查找(I)▾　查找下一处(F)　取消

3.3.2.4　提供完备的索引

索引是将文档中具有检索意义的事项（可以是人名、地名、词语、概念或者其他事项）按照一定方式有序地编排起来，以供检索的工具。

读者（尤其是国外读者）需要查找某方面或者某一类文档时习惯首选索引的方式来查找信息。为了制作索引，作者在写作时就要预测读者可能需要查找什么信息，读者会期望用什么索引词来查找这些信息。

在编写索引的过程中应该考虑索引的完整性，尽量包含指向所有重要内容的索引词条。

通常应使用特定的、不同于普通的词作为索引词条。索引中还应包含同义词，引述文档中可以包含不同的词组形式，这样更方便读者查找。

索引实例：

Numerics

4K VLANs (support for 4,096 VLANs) 12-2

802.10 SAID (default) 12-6

802.1Q
- encapsulation 8-3
- Layer 2 protocol tunneling
  - See Layer 2 protocol tunneling
- mapping to ISL VLANs 12-12, 12-15
- trunks 8-2
  - restrictions 8-5
- tunneling 15-1
  - configuration guidelines 15-4
  - configuring tunnel ports 15-6

802.1Q Ethertype. specifying custom 8-15

802.1X
- See port-based authentieation

802.3ad
- See LACP

802.3X Flow Control 7-12

3.3.3　阅读感受舒适

文档以合适的视觉形式呈现给读者，以便能给读者带来舒适感。一篇阅读舒适的文档应该至少满足以下 3 个要求：

- 易于理解，没有混淆的视觉元素；
- 重点内容突出显示，帮助读者理解文档内容；
- 有一定的美观性。

要提高阅读文档时的视觉感受，可以在文档编写中采用以下 4 种方法：

- 采用清晰的图、表；
- 采用易识别的文字；
- 采用合适的视觉元素；
- 慎重使用颜色和阴影。

3.3.3.1 采用清晰的图、表

图和表是更直观的信息表示方式，比纯文字描述更加深入人心，使读者更易理解。在文档中使用图、表元素时，也要符合一定的舒适性要求。

（1）文档中的图

文档中常见的图可以分为截图和通过制图软件制作的图。常用的截图工具和制图软件有 PicPick、FastStone、HyperSnap、Microsoft Office Visio、Adobe PhotoShop 等。

在文档中插入这两类图时，应该注意的共同点是：

① 图应有明确含义的图题，且在全文应该按照统一的排序规则加以编号。

② 图在文档中的位置（居中类型、文字环绕类型）和属性（边框类型、背景或阴影效果等）应统一。

③ 除非必要或有专业的指导，否则不要随意调整图片的亮度、对比度、灰度等属性。图片的效果要综合考虑印刷及电子阅读的要求。

以图 3-3 为例，图（a）为正常图片，图（b）的亮度过亮，图（c）的对比度过强。

（a）

（b）

（c）

图 3-3　图片亮度要求

在文档中使用制图软件制图时应注意：

● 文档中图形使用的图标应来自于统一定义的图标库。

图标库中通常含有文档中可能用到的所有图标、线条、插图等元素样本。

● 图中如果有较复杂的元素，不能使读者产生疑问，应明确说明。

例如图中的不同种线条、图标的含义，应该在文档或图中明确说明。典型的例子就是图3-4所示的地图标识。

图标	含义说明	图标	含义说明
	餐饮		超市
	影院		KTV
	银行		学校
	地铁	P	停车场
	邮局		医院
	景点		加油站

图3-4 地图标识

● 在制作图时应使用相同的编辑软件、统一的像素规范和文件格式，确保文档中的图形风格一致。

对于截图应注意：

● 建议使用统一的、默认的系统主题和风格来截图。

● 截图应保证读者能看清楚图中的信息，一般使截图中的文字大小尽量与正文大小接近。

● 截图时，不截取超出上下文信息范围的多余信息，防止读者被截图中的额外信息干扰。

（2）文档中的表

在文档中使用表格时应注意：

● 表格应有含义明确的标题，且在全文应该按照统一的排序规则加以编号。

● 表格的列宽应该与内容相符合：字符少的列，应缩小列宽；字符多的列，则应相应增加其列宽。

比如表格3-4，可以适当加宽第二列“功能”的列宽，来使第二列的文字看起来不至于太拥挤。

表 3-4 表格列宽示例

命令	功能
ZXR10#debug ip icmp	打开 ICMP 协议的 debug 功能，显示 ICMP 协议处理的调试信息，同时关闭 ICMP 快 ping 功能

- 全文表格中文字的对齐方式和居中方式应该保持一致。

例如，表格 3-5 中正文中部分文字是左对齐，部分是居中，欠妥。应该将文字改为同一种对齐方式。

表 3-5 表的对齐方式不统一示例

易理解	说明
举例增加理解	示例和比喻可以让生硬的概念、原理变得生动起来
术语和缩略语准确定义	准确定义新出现的概念、缩略语，并且保证在阅读的过程中查询方便
标题反映中心思想	反映中心思想的标题可以帮助读者定位到需要阅读的信息
概述有机联系上下文	包含丰富信息里的概述可以有机连接上、下文，让读者理解作者的架构思想
Step by Step	一个步骤包含一个要执行的动作，让读者变“傻瓜”，按部就班地执行就能轻松完成任务

- 表格在文档中的位置与总宽度应有统一的定义。
- 表格的线条与底纹，在全文要有统一的定义。

3.3.3.2 采用易识别的文字

文字是信息的载体，正文中文字的易识别性直接关系到文档整体的阅读效果。影响文字易识别性的因素主要有字体、字号、间距、对比度。

可以从以下几个方面来保证文字的易识别：

（1）采用合适的字体和字号，需综合年龄、文化等读者背景来考虑设置

- 字号太大的话，一个页面下容纳不下足够的信息，需要分页或下拉页面。
- 字号太小的话，容易引起读者疲劳和反感。

- 字体的设置也需要考虑到读者的文化背景、语言种类、阅读习惯等。

（2）采用合适的间距

文字与文字之间、段落与段落之间需要调整合适的空间，降低读者的压抑感，留给读者合适的休息空间，以增加整个文档的舒适性体验。

（3）文字与背景间应采用合适的对比度

不当的对比度会使印刷效果差、读者阅读困难。如下所示，就是文字与背景（白色）之间的对比度太低了，导致读者阅读疲劳。

床前明月光，疑是地上霜。举头望明月，低头思故乡

3·3·3·3 采用合适的视觉元素

整个文档中的视觉元素应采用同一套样式定义，从而形成统一的视觉效果，方便读者能根据样式理解不同种元素的定义，推测出如何能找到所要的信息。

如果作者所在的企业或组织已有文档视觉效果的使用规范，则应遵循该规范。

文档样式规范应该包含视觉元素的使用规则，这些视觉元素有字体、字号、粗度、表格、图形、缩进、标题、代码示例等。

用以下方法可以保证文档中视觉元素的一致性。

（1）突出显示标题

标题是用来拆分文档信息块的重要分界，要简洁易分辨。不同级别的标题，其视觉元素的样式应使读者容易分辨。

标题的样式示例如下。4 种不同级别的标题其字号、缩进和编号不同，且字体与字号明显不同于正文。级数越低的标题，字体越小。

1 一级标题

1.1 二级标题

1.1.1 三级标题

1.1.1.1 四级标题

（2）同类元素的视觉效果要一致

读者会通过视觉效果的差异来推测内容属于不同的文档元素，因此要用不同的视觉效果来表达不同的含义；同类元素的视觉效果要一致。

- 正文文字的字体要保持一致。
- 编号与列表使用的符号要一致。
- 文档中如果出现特殊代码，应使用不同的格式表示，与正文文字区分开来。

以下代码的示例，使用了“Courier New”字体，并增加了背景。

```
告警样例
告警产生：
An alarm 50708 ID 3 level 5 occurred at 02:07:45 03-22-2012 sent by %CFM% Remote
MEP has detected RemoteCCMdefect! (MD index-15, MA:
```

（3）采用合适的视觉元素数量和位置

合理的布局、优良的排版，可以在无形中提高文档与读者之间的“亲密度”。过于紧密的排版，可能会给读者造成压迫感，特别是技术文档会在无形中造成内容多、难度大的感觉；过于稀疏的排版，会给读者一种不连贯，上下衔接不协调的感觉。读者所能看到的以下项目都有助于或妨碍信息的视觉效果，这些项目包括：

- 版面布局；
- 背景、文字及图形的颜色和阴影；
- 背景与文字间的对比度；
- 字体和字号；
- 图例、图标和动画；
- 表格、图表和代码示例；
- 导航标志；
- 行和段落的长度；
- 加亮；
- 标题；
- 列表的样式和长度；
- 信息的总体密度及空白。

技术信息中的大段文字会让读者厌烦。运用各种视觉元素可以帮助读者方便、快捷地找到需要的信息。段落被其他视觉元素分离开来之后，读者在阅读时可以随时停下来并评判和吸收、消化信息。

空白也提供了可以使眼睛得以休息的地方，使信息不会因为过于稠密而让人望而却步。但是要确保不会因为过多的空白而中断了信息流，使人误以为有信息丢失。

（4）采用视觉标志辅助表达信息

一致的、醒目的视觉标志，能帮助读者快速定位到要找的信息。

以下方法可以帮助读者快速获得所需要的信息。

- 采用图标直观表示内容：使用不同含义的直观图标，帮助读者理解文档内容。如使用来表示操作；用来表示多媒体；用来表示图片；用来表示读者自己记录的笔记等。

- 采用突出显示的提示信息：文档中如果有“提示”、“说明”、“注意”、“危险”等提示性信息时，最好配合图标进行突出显示，使读者能第一时间发现提示信息。提示信息示例如下所示。

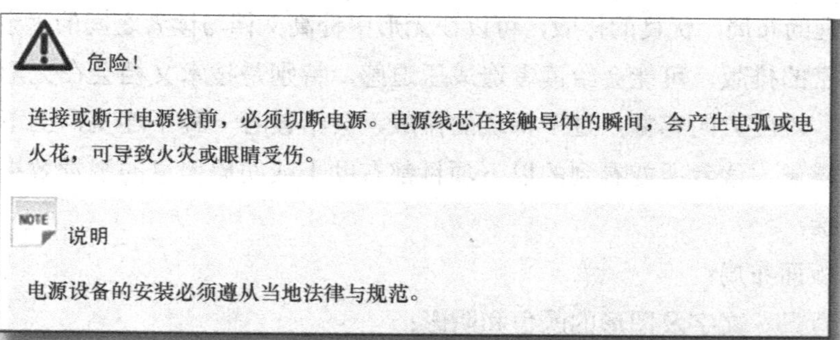

3.3.3.4 慎重使用颜色和阴影

不同颜色和阴影的使用，有助于帮助读者区分不同的文档信息，使读者更易查找内容和理解文档。但是在选择颜色时要慎重，电子类文档可以使用较多的颜色，但印刷文档考虑到成本，一般使用不同等级的灰度来表示不同的颜色含义。

在文档中使用颜色和阴影时应注意以下几点：

- 文档模板制作者应先给出几种颜色（注明三原色的值）供文档作者统一使用。文档作者不应该选用此模板以外的颜色。

- 颜色应该易于读者分辨，并且每一种主色应设置几个档次的灰度。这样，即使在黑白打印时，也能凭借灰度来区分不同颜色和含义。

下面是一个合适的颜色及灰度的定义，左侧为彩色显示效果，右侧为黑白打印效果。

R255 G204 B153	R204 G236 B255	R204 G255 B204	R255 G204 B153	R204 G236 B255	R204 G255 B204
R255 G204 B000	R204 G204 B255	R255 G204 B102	R255 G204 B000	R204 G204 B255	R255 G204 B102
R255 G153 B000	R155 G155 B255		R255 G153 B000	R155 G155 B255	
R204 G153 B000	R102 G153 B255		R204 G153 B000	R102 G153 B255	

- 相邻的颜色块应该有足够的对比，让读者易于分辨颜色。
- 考虑到不同文化和宗教信仰，颜色的使用不能冒犯特定的读者。

实战篇

4.1 如何写需求说明书

4.1.1 需求说明书简介

原始需求通常来自于市场、客户、竞争产品、自身以及新兴技术、标准化组织等各个方面。经过分析/论证、澄清、细化等活动，原始需求转化为产品开发的输入，即产品需求。

产品需求说明是使用技术语言对产品外部属性的描述，包括功能、性能、质量属性、外部接口、其他需求等。好的产品需求，应该能够承上启下，衔接起原始需求与产品设计。一方面，产品需求是原始需求的澄清和细化；另一方面，产品需求又对产品设计起着指导、验证的功能。

需求说明书作为产品需求的载体，是由产品规划人员负责编写，用于向系统设计人员传递开发需求的文档。需求说明文档是必须遵守的与内外部客户之间的一种“契约”；是产品概要设计、测试用例、用户文档等技术文档的基础；是需求获取、需求分析结果的体现；是需求评审、需求管理的对象。

说明：对于纯软件/硬件/结构产品，文档可能命名为软件/硬件/结构需求说明书；对于软硬件结合的产品，文档可能命名为系统需求说明书。

4.1.2 需求说明书内容框架

一、引言

一般包括：

- 编写目的：说明该文档的描述对象、内容及作用。
- 文档约定：定义该文档编写过程中采用的各种约定的含义。例如，特殊格式、重要符号、需求优先级的取值及其含义等。

二、术语、定义和缩略语

- 术语：指特定学科的专业用语。
- 定义：指对某一概念或语词的意义进行简要、准确地界定和说明。

● 缩略语：指以一种书面词或短语的缩减形式来代替整体，达到简化的目的。通常由整体的一部分或多部分删减字母形成缩写。

三、综合描述

一般包括：

● 概述：建议描述产品的主要功能及应用场景，使读者在较高层面上了解产品的价值。

● 用户类：应根据用户使用产品的频度、应用领域和计算机系统知识、需要完成的任务、地理布局以及访问优先级等对用户进行分类。不同的用户类，需求也是不同的。某些用户类的需求可能更加重要，需要优先考虑。

四、具体需求

该部分是需求说明书的主体，需要对需求进行分类，从功能需求、性能需求、质量属性需求等方面进行描述。

● 功能需求：描述 “被描述对象”能够完成的工作（“做什么”），表现为“被描述对象” 与外界的交互。

单条功能需求的描述结构通常包含以下部分：

√ 需求编号 需求名称：编号应在项目或产品范围内唯一。

√ 需求描述：描述本条需求要做什么。建议对需求的正常过程、可选过程进行简要描述，以便那些无需关注细节的读者快速了解该需求。

√ 参与者：指与系统交互的所有事物，包括系统的用户、与系统拥有物理或逻辑连接的其他系统、外部事件，不限于人。

√ 优先级：通常分为 1～5 级。数字越大，优先级越高。

√ 使用频度（可选）：根据实际情况描述，如“经常”、“偶尔”、“不关心”或“高”、“中”、“低”、“不关心”等。识别“使用频度”的目的是为后续设计提供约束：如果使用频度高，则在设计时，不仅应注重功能的完成，还应特别关注其性能及易用性。

√ 前置条件：只有具备该条件（即前置条件应为真）才可执行该功能，即必要条件。

√ 后置条件：描述正常过程、可选过程执行后系统所处的状态。

√ 正常过程：用尽可能少的语句让读者毫无障碍地了解“需求是做什么的”。每一个功能需求都必须有一个正常过程。

√ 可选过程：描述功能的细节或完成功能途径的变化部分。通常一个功能需求有零个到多个可选过程。

√ 异常过程：描述引起功能不能顺利完成的情况。正常过程、可选过程都会引起异常。通常一个功能需求有零个到多个异常过程。

√ 特殊需求：可选。补充描述某些特别的需求，如与本功能密切相关的性能、质量属性、业务规则等。如果该需求是分阶段实现的，则在“需求描述”中描述当前需要交付的目标，而在此处描述后续交付的目标。

- 性能需求：描述 “被描述对象”实现预期功能的程度，是确定的、非概率的。例如，运行速度多快、功耗多大。

单条性能需求的描述结构通常包含【需求编号　需求名称】、【需求描述】和【优先级】、【特殊需求】(可选)。

- 质量属性需求：系统产品应考虑的属性包括环境相关、电磁兼容性、可靠性、安全性、可服务性、生产性、可测试性、易用性、扩展性等。

单条质量属性需求的描述结构通常包含【需求编号　需求名称】、【需求描述】和【优先级】、【特殊需求】(可选)。

五、验收准则

本文档所列需求项目的验证方式。

六、参考资料

4.1.3 需求说明书写作流程

需要说明书写作流程如图 4-1 所示。

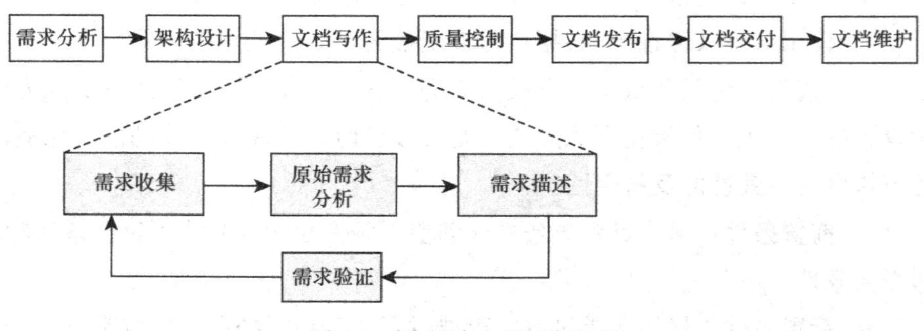

图 4-1　需求说明书写作流程

4.1.3.1　需求收集

需求来源包括外部需求和内部需求。

- 外部需求：包括客户反馈、市场资讯、新技术驱动等。
- 内部需求：包括产品自身的版本规划、前期版本的缺陷修复。

显而易见，内部需求易于管理和控制，而外部需求的收集则需要借助一定的手段。通常采用的收集方式包括客户专访、用户问卷、市场调研、技术预研等。

关于需求收集，请注意：

- 应视产品的市场策略灵活选择需求收集方式。例如，市场跟随型的产品主要通过剖析竞品获取需求，而市场领先型的产品则需要制作很多技术原型来验证需求。
- 需求收集是一项主动性工作，需要精心策划。被动地拜访客户，让其填写问卷，不一定能收到理想的效果。

4.1.3.2 原始需求分析

包括以下活动：

- 分析需求给出的目标（如具体功能、具体的性能指标等）是否合适。如不合适，怎样使其合适。
- 从客户、竞争、标准/协议/规范/法律、公司战略的角度，分析需求是否有必要做，即分析需求的必要性。
- 在成本、进度、供货等条件的约束下，判断需求是否能够实施，即分析需求的可行性。
- 如果需求的实现既必要又可行，则应综合各方面的考虑设置其优先级。

4.1.3.3 需求描述

（1）需求说明书应满足以下四大特性。

- 完整性：描述的需求能实现用户必须完成的所有任务或满足上游工作的所有要求。
- 一致性：与同层及上层需求是不矛盾的。
- 可修改性：对需求进行唯一标识，没有或很少冗余。在反复提及时尽量引用以保证内容不重复。
- 可追踪性：使需求结构化、条目化，保证每一个需求的源流是清晰的，以便在进一步产生和改变文件编制时可以方便地引证每一个需求。

（2）单条需求应满足以下 7 个特性。

- 完整性：该需求已包括用户、设计及测试所需的所有信息。
- 正确性：符合上游工作的要求或用户的描述。
- 可行性：在产品及其运行环境的已知能力和约束条件（如成本、供货、进度）内，在技术上是可以实现的。
- 必要性：是客户、竞争或上游工作的真正需要，或是标准/法律/战略等的强制要求。
- 划分优先级：该需求相对于其他需求的优先程度。
- 无二义性：需求对每个人来说只有一种解释。
- 可验证性：可以与实际测试结果进行比较，并据此判断测试通过与否。

4.1.3.4 需求验证

为了确保需求被正确、完整地传递到下游，且符合客户要求的验收准则，必须对需求描述进行验证。验证的方法见表 4-1。

表 4-1 需求验证的方法

验证方法	说明	及时性
需求评审	由需求涉及各领域的关系人对需求描述进行确认	及时
测试样例验证	由于测试样例是以需求为基础的，在编制时能够对需求说明文档中的错误、二义性和遗漏进行检查	滞后
用户文档验证	用户文档以需求为依据，在编制时更侧重对功能性需求的检查	滞后

需求验证不是一个独立的阶段，而是贯穿着需求获取、需求分析、需求编制的整个过程。需求验证反馈的信息将影响需求描述过程，可能会导致需求的反复获取、反复分析和反复描述。

4.1.4 需求说明书写作实例

以一个团购网站系统为例，对其需求说明书的写作进行介绍。这里只关注该需求说明书的写作流程及表达方法，不关注其内容的正确性。

4.1.4.1 需求收集

- 市场调研：通过调查问卷、资讯报告或技术预研等手段收集需求。

- 同类产品分析：通过对潜在竞争对手的产品进行分析获取需求。

4.1.4.2 原始需求分析

① 团购网站的用户群体分为三类：买家、卖家、管理员。

② 不同的用户对应不同的操作集合。

- 买家的主要操作：商品浏览、商品购买、个人信息管理。
- 卖家的主要操作：商品管理、订单配送。
- 管理员的主要操作：商品信息管理、买家信息管理、卖家信息管理。

③ 关键流程：

- 买家购物流程：商品浏览→参团→确认信息→提交订单→支付款项→发表评论。
- 卖家配送流程：订单查询→订单配送→更新交易信息→回复评论。

④ 应尽量贴近主流团购网站的操作设计，以减少用户学习操作的时间。

⑤ 界面力求简洁，聚焦关键信息。

⑥ 系统数据安全及稳定性要高。

【需求描述】

一、引言

团购网站通过互联网发布商品信息，将有意向购买同一产品的消费者组织起来，以优惠价格批量进行购买。

本文的描述对象是团购网站系统。通过详细描述其功能需求、性能需求、质量属性需求以及其他需求，为后续概要设计、软件（系统）测试、用户文档等工作提供基础与约束。

二、术语、定义和缩略语

略。

三、综合描述

1．背景

团购作为一种新兴的消费形式，正在被越来越多的消费者接受，在电子商务市场发展迅速。团购网站系统具有定位明确、成本可控、链条清晰等特点。

2．系统概述

本需求说明书主要就买家、卖家、管理员等用户角色的需求进行描述。

1）买家子系统

买家的主要功能如下。

a）注册/登录：未注册用户通过注册/登录界面，填写指定信息，即可成为用户参与团购。已注册用户通过注册/登录界面，输入用户名、密码，即可进入团购网站。

b）商品查询：用户可以浏览各种商品，同时查看商品的详细信息。

c）商品购买：用户可以选择中意的商品参团，然后选择合适的支付方式进行购买。

d）个人信息管理：用户可以查询自己的订单、修改个人信息、对已购商品发表评论。

2）卖家子系统

卖家的主要功能如下。

a）注册/登录：未注册卖家可以通过注册/登录界面，填写指定信息成为一名卖家。已注册卖家通过注册/登录界面，输入用户名、密码，即可登录卖家子系统。

b）订单配送：卖家可以查询所属商品的订单，回复顾客的评论和问题。

c）商品管理：卖家可以查询所属商品信息、修改商品信息、添加新的商品信息、上传图片更新商品。

3）管理员子系统

管理员的主要功能如下。

a）卖家管理：管理员可以查询所有已注册卖家的信息，并对卖家进行修改和删除。

b）买家管理：管理员可以查询所有已注册买家的信息，并对买家进行修改和删除。

c）商品管理：管理员可以查询所有在线团购商品的信息，并对某一种商品进行修改和删除。

3．运行环境

数据库基于 SQL Server 2008。

四、具体需求

1．功能需求

1.1　通用需求

1.1.1　用户注册/登录系统

注意：在实际编写时，文档中出现的需求名、过程、步骤都必须编号，以保证需求的可追溯性并易于识别。以下示例为方便阅读，特略去各处编号。

需求描述：提供一个用户注册/登录界面。

参与者：买家、卖家、管理员。

优先级：5

使用频度：高

前置条件：用户在网站首页单击［登录］按钮。

后置条件：客户端与服务器建立连接。

正常过程：

正常过程 1：用户登录

1．用户输入用户名、密码，单击［登录］按钮。

2．客户端发送用户信息到服务器。

3．服务器返回验证结果。

正常过程 2：用户注册

1．用户单击［注册］按钮进入注册页面。

2．填写用户名、密码、邮箱、联系电话、地址等信息，单击［提交］按钮。

3．服务器返回“注册成功！”消息，并跳转回到用户注册前的页面。

可选过程：

1．忘记登录密码，单击［忘记密码］，系统弹出［找回密码］对话框。

2．输入用户名、注册时关联的个人邮箱，单击［确定］按钮。

3．客户端将信息发送到服务器。验证通过，则返回“已将重置密码发送到您的指定邮箱！”；验证不通过，则返回“用户信息错误，请重试！”

异常过程：

异常过程 1：登录异常——密码错误

1．系统弹出提示信息：“密码错误，请输入正确的密码！”

2．选择［确定］按键项，返回登录页面。

异常过程 2：登录异常——用户名不存在

1．系统弹出提示信息：“用户名不存在，请输入正确的用户名！”

2．选择［确定］按键项，返回登录页面。

异常过程 3：注册异常——用户名已存在

输入完成后即执行判断，在用户名输入框后显示判断结果：“该用户名已被占用！”

异常过程 4：注册异常——注册信息不完整或格式错误

在注册页面上方以红色字体显示："请填写正确的电子邮箱/联系电话"

特殊需求：无。

……

1.2　买家需求

……

1.3　卖家需求

……

1.4　管理员需求

……

2．性能需求

2.1　数据查询性能

需求描述：

商品关键字查询应在 5 秒内返回查询结果。

优先级：5

……

3．质量属性需求

3.1　安全性

3.1.1　信息安全

需求描述：

在业务需要的情况下，应遵循用户信息数据最小范围暴露的原则。对于用户信息的保密要求参见《中国移动客户信息保密管理规定》。

优先级：5

……

五、验收准则

本系统的验收准则为：

1．对本文档进行多人评审。

2．在项目计划的完成时间点，以评审会议的方式组织验收。

3．通过系统测试。

六、参考资料

无。

4.1.5 需求说明书写作要点

（1）将“被描述对象”作为黑盒

绝大多数情况下，应将“被描述对象”作为黑盒，描述“有什么用”及“用处的发挥程度”，不涉及是由内部哪个子系统/模块去实现的。

（2）识别并准确描述“上下文”

仅描述产品有用是不够的，还必须说明对谁（Actor）有用，这样才能更好地定义、确认需求，避免空想的需求。

（3）描述“做什么”

所有的“做什么”必须能保证完成用户的工作，解决用户的问题。

从产品的使用者角度评判（单条）需求信息是否已完整。

（4）术语/名词的含义应是唯一的

- 保持术语的一致性，并尽可能编制术语表。
- 应将涉及的数据项（输入、输出、消息、接口函数等）进行定义。

（5）使用确定性词语

表 4-2 给出了部分常用词语选用建议。

表 4-2 部分常用词语的选用建议

类别	举例
推荐使用的词语	总是、每一种、所有、没有、从不、应、必须
慎用的词语	• 支持、兼容、依赖、继承 • 当然、因此、明显、显然、必然
避免使用的词语	• 某些、有时、常常、通常、贯常、经常、许多、大多、几乎、用户友好的、容易的、简单的、复杂的、健壮的、无缝的、透明的、优雅的、最新技术 • 等等、诸如此类、依此类推、包括但不限于 • 良好、迅速、廉价、高效、灵活、稳定、显著、醒目 • 可接受的、足够的、差不多的、可选择的、合理的、充分的、必要的、相关 • 一般情况下、理想情况下、必要时、合适时

4.1.6 需求说明书常见问题

- 描述功能的设计细节（×）

【错误案例】该功能采用硬编码的方式，程序编码时给每个条件绑定一个序号，根据此序号关联数据表的ID，取得各个条件与表字段的对应关系。

【案例分析】应说明产品必须有什么功能，而不是怎样实现这些功能。

【修改建议】用户名、密码在数据传输过程中须加密处理，以保证其安全性。

- 写成“解决方案”（×）

【错误案例】为满足该功能，必须采用××技术。

【案例分析】尽可能避免出现“解决方案”的描述，需求不是“解决方案”。

- 大量否定语词（×）

【错误案例】如果用户名不存在，则系统不允许其登录。

【案例分析】应运用肯定语句，不使用否定措辞。

【修改建议】如果用户名不存在，系统弹出提示信息：“用户名不存在，请输入正确的用户名！”

- 使用模糊、笼统的词语（×）

【错误案例】用户执行查询操作后，查询结果的返回时长应在用户可接受范围内。

【案例分析】尽量使用定量、具体化的描述。

【修改建议】用户执行查询操作后，查询结果必须在5s内返回。

4.2 如何写概要设计文档

4.2.1 概要设计文档简介

概要设计文档由系统设计人员编写，以需求说明书为依据，主要描述系统的总体实现方案，建立系统的逻辑模型，定义系统的布局、各个子模块的功能和模块间的关联，本系统与外部系统的关系等。

概要设计是产品项目流程中非常关键的环节。它将直接影响到产品的质量、性能及其他整体特性。同时，概要设计文档还具有以下作用：

- 用于评估系统总体设计的可行性。
- 用于检查系统模块的完整性。
- 用于评估开发工作量，指导开发计划。

说明：对于软硬件结合的系统产品，文档可能命名为系统方案；对于软件（子）系统，文档可能命名为软件（子）系统方案；对于硬件单板，文档可能命名为单板设计方案。

4.2.2 概要设计文档内容框架

一、引言

一般包括：

- 编写目的：说明该文档的描述对象、内容及作用。
- 文档约定：定义该文档编写过程中采用的各种约定的含义。例如，特殊格式、重要符号、需求优先级的取值及其含义等。

二、术语、定义和缩略语

- 术语：指特定学科的专业用语。
- 定义：指对某一概念或语词的意义进行简要、准确地界定和说明。
- 缩略语：指以一种书面词或短语的缩减形式来代替整体，达到简化的目的。通常由整体的一部分或多部分删减字母形成缩写。

三、概述

一般说明本系统的功能、位置及其他相关系统。

介绍目标系统在整个环境中的位置时，建议绘制一张本系统与其他相关系统的关系图，并使用不同颜色区分本系统与外部系统，便于读者阅读与理解。

四、总体设计

该部分描述本系统的总体架构，说明系统有哪些组件及组件间有哪些接口。组件和接口的详细信息，在“组件设计”和“接口设计”两章（或单独成文）加以描述。

五、组件设计

本章是基于“总体设计”中的系统架构，对分配给每个组件的需求加以说明，以便为下一级的设计活动（即组件的详细设计）提供依据。

如果该部分内容独立成文，则本章可略。

六、接口设计

本章说明系统提供的用户接口、各组件之间的接口及本系统与外部系统的接口。

如果该部分内容独立成文，则本章可略。

七、数据结构设计

本章需要明确定义数据库的结构，即构成数据库的表和视图及它们之间的联系。如果该部分内容独立成文，则本章可略。

八、容错设计

为保证系统的健壮性，必须为系统提供全面的出错处理设计。

九、参考资料

4.2.3 概要设计文档写作流程

概要设计文档的写作流程如图 4-2 所示。

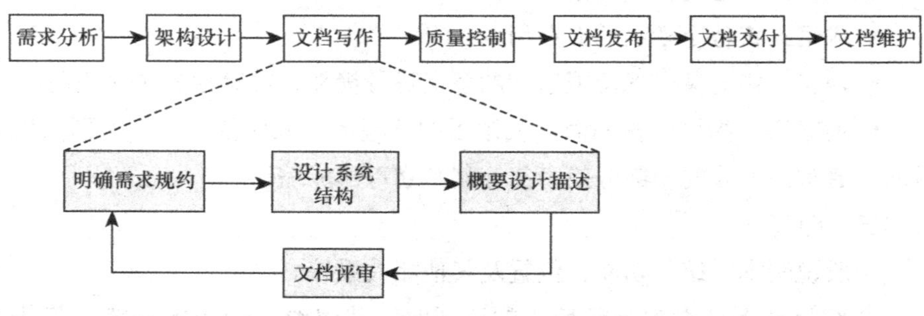

图 4-2 概要设计文档写作流程

4·2·3·1 明确需求规约

需求说明书是概要设计文档的直接输入，是概要设计的出发点和依据。因此，在对系统进行总体设计之前，应该对需求说明书规约的内容有明确的认识，并在设计过程中一直围绕需求规约进行。

4·2·3·2 设计系统结构

主要包括以下 3 部分。

（1）设计系统的外部框架

设计系统外部框架时，可以将系统作为一个黑盒，如同一栋房子。在建造房子之前，必须要解决以下问题：房子做什么用？位于哪里？周边环境如何？

由彼及此类推，系统的外部框架应解答下述问题：这是一个什么系统？这个系统有哪些功能？它与其他哪些系统（或模块）有关系？它们之间的接口是什么？

（2）设计系统的内部框架

设计系统内部框架时，可以将系统作为一个白盒。如同确定房子的格局，诸如盖几层、几房几厅、楼梯/门/过道的位置等。

同理，系统的内部框架应确定其内部有哪些模块？每个模块实现哪些功能？各模块之间的关系是什么？各模块之间的接口是什么？

（3）设计系统的运行机制

考虑各模块如何配合以实现系统的功能。一般至少给出一张协作图或顺序图，以说明在完成该功能的主要过程（需求的正常过程）上各组件的协作关系。

4.2.3.3 概要设计描述

设计思想最终要展现和落实到概要设计文档中。为了更加直观、清楚地展示和易于读者理解，建议在描述时适当使用图形表达。常用图形包括以下两大类。

（1）系统静态视图

通常使用框架图从静态的角度对系统架构的组成进行说明，主要描述架构内部各组件以及各组件在架构中的位置。示例如图 4-3 所示。

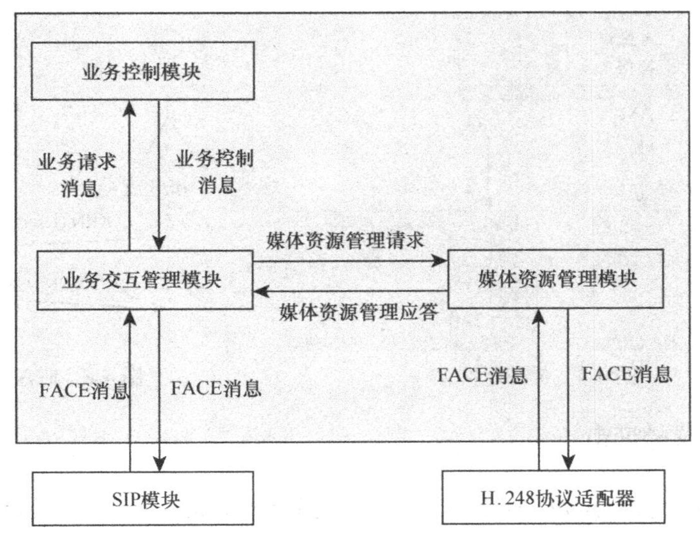

图 4-3 系统静态视图示例

（2）系统动态视图

从动态的角度对业务流程、程序运行进行说明，分为以下 3 种。

- 进程/线程/任务结构图，一般以进程视图表示。示例如图 4-4 所示。

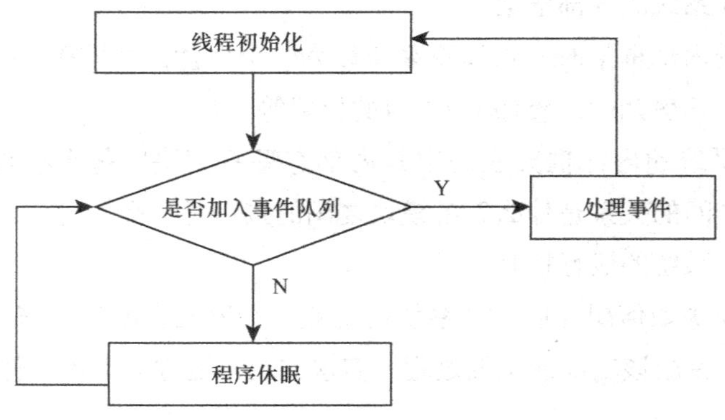

图 4-4　进程视图示例

- 设计元素的分配示意图，一般以类图表示。示例如图 4-5 所示。
- 每个进程/线程/任务的生命周期，一般以时序图表示。示例如图 4-6 所示。

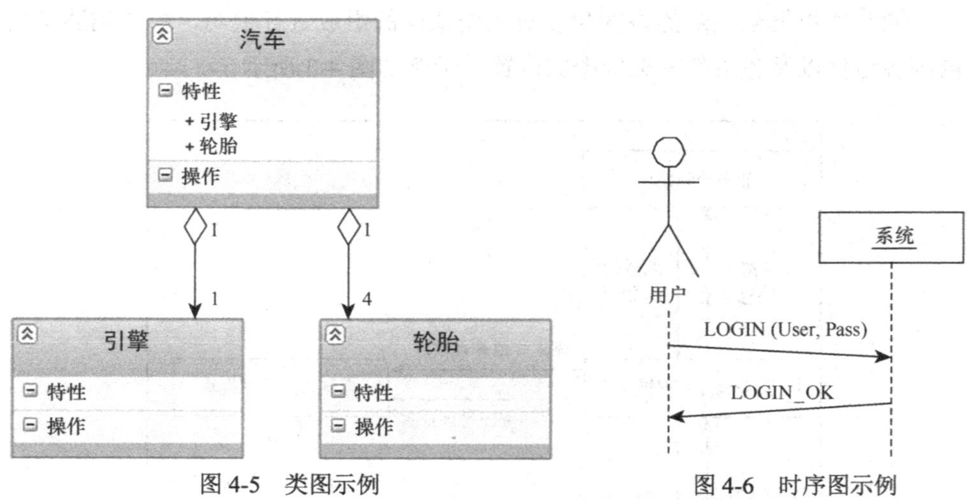

图 4-5　类图示例

图 4-6　时序图示例

4.2.3.4　文档评审

概要设计文档作为后续工作的依据和指导，通常不是一次性到位的，而是要反复地进行结构调整。因此，组织相关关系人进行文档评审，是概要设计文档写作过程中非常重要的一个环节。

4.2.4 概要设计文档写作实例

以一个团购网站系统为例，对其概要设计文档的写作进行介绍。这里只关注该概要设计文档的写作过程及表达方法，不关注其内容的正确性。

4.2.4.1 明确需求规约

按照《团购网站系统需求说明书》的描述，对需求条目进行澄清、映射、转化。

4.2.4.2 设计系统结构

① 外部架构：本系统需要与其他哪些系统、平台进行交互？

② 内部架构：系统包含哪些模块？各模块实现什么功能？（可以借鉴主流团购系统的平台结构，也可以自主分析。以下分析过程仅供参考。）

- 按照需求条目建立系统的初始结构（如图 4-7 所示）。

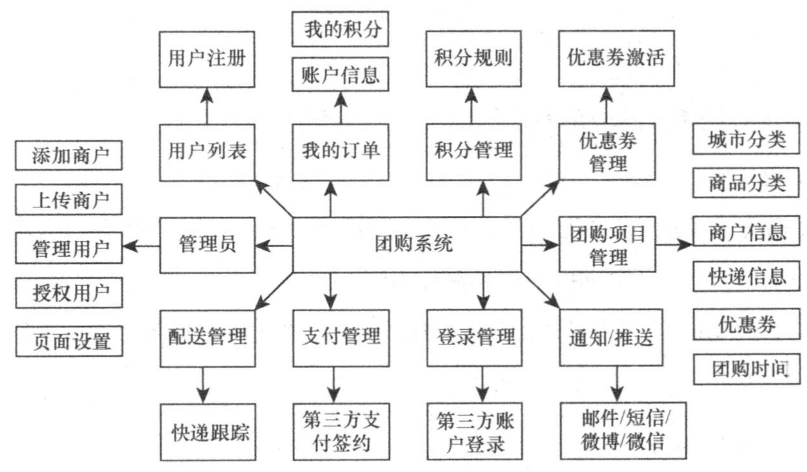

图 4-7　设计系统的初始结构示例

- 检查是否所有的需求都能对应到相应模块；消除完全相似或局部相似的重复功能；理清模块间的层次、控制关系，平衡模块大小。

③ 运行机制：系统的关键工作流有哪些？通过工作流分析各模块间的协作关系及数据交互过程。

4·2·4·3 概要设计描述

一、引言

本文的描述对象是团购网站系统（后文简称“本系统”或“系统”），通过对系统架构、组成本系统的组件、组件的具体要求和组件间接口的详细描述，满足本系统的需求，同时为每个组件的进一步设计、测试等工作提供依据。

二、术语、定义和缩略语

略。

三、概述

本系统主要实现团购商品管理、用户管理、支付管理、配送管理等功能。

本系统属于 B2C 电子商务应用。与本系统相关联的外部应用如下图所示。

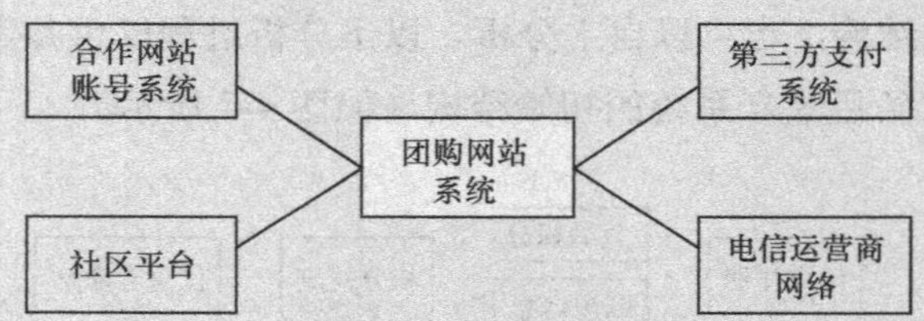

与本系统相关的外部系统的说明参见下表。

相关系统	功能说明
合作网站账号系统	支持使用合作网站（如 QQ，新浪微博）的已有账号登录本系统
社区平台	支持用户分享商品信息到其他 SNS 平台
第三方支付系统	支持使用签约银行网银、支付宝等方式进行交易支付
电信运营商网络	支持手机号码绑定、活动推送

四、总体设计

1．设计思路

作为直接面向消费者的应用型系统，前台应严格跟随消费者的购买流程，后台则应重点关注订单流转。此外，还应满足购买者的其他常规操作需求，提升其购物体验。

2．系统物理架构

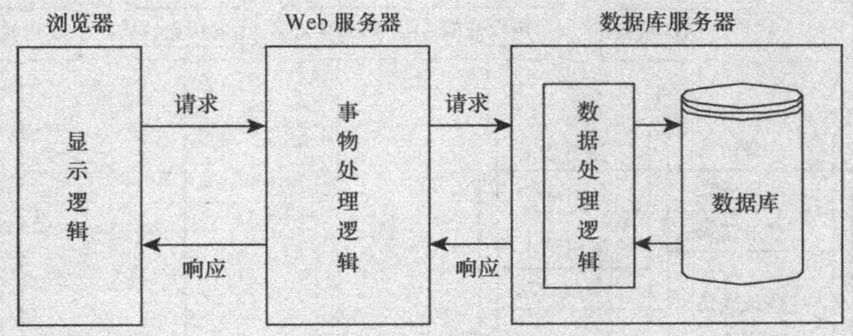

3．系统逻辑架构

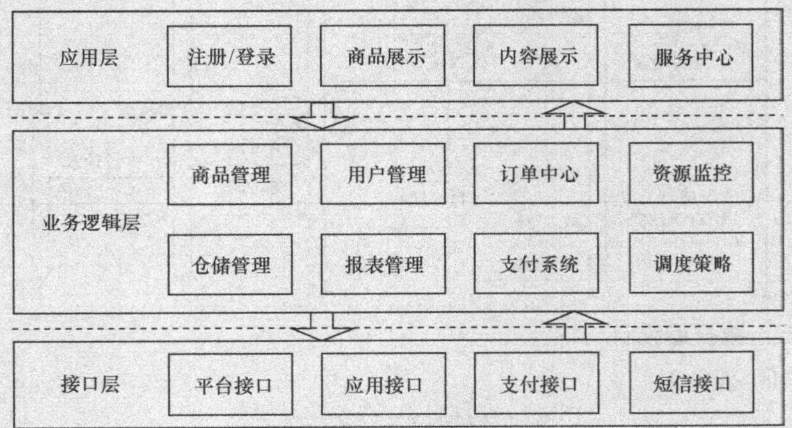

层级名称	功能说明
应用层	通过 Web 页面提供与客户的交互界面。客户进行身份验证之后会进入不同的工作界面，参与业务流程处理
业务逻辑层	接受应用层的请求数据，并依此进行相应的动作，完成事先定义的任务。同时，各功能模块与数据库实现数据交互
接口层	提供与外部系统的通信接口

4．关键逻辑流程

4.1　购买实物商品流程

4.2　购买券类商品流程

……

4.3　订单处理流程

……

4.4　退换货流程

……

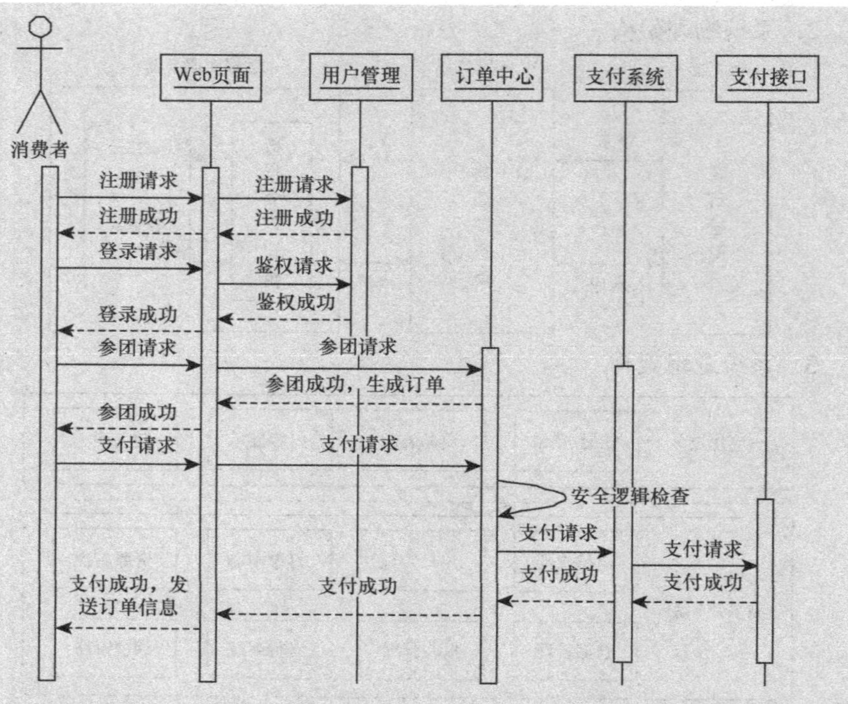

五、数据库设计

5.1 表关系图

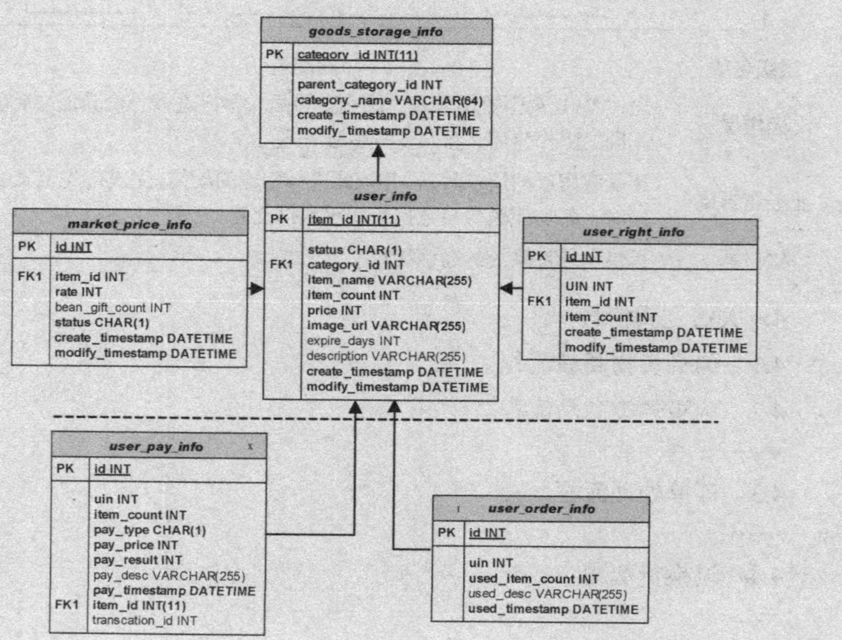

5.2 表结构

用户基本信息表（UserInfo）

字段名	类型	是否为空	是否主键	描述	备注
UserId	Varchar (50)	否	是	用户 ID，用于标识注册用户	—
UserName	Varchar (50)	否	否	用户登录名	—
PassWord	Varchar (50)	否	否	用户登录密码	—

……

六、容错设计

1. 限制用户的错误操作。
2. 操作后提示确认，防止用户出错。
3. 引导用户正确操作。

七、参考资料

《团购网站系统需求说明书》

4.2.5 概要设计文档写作要点

- 系统描述时应由总体到细节、由系统架构到协作关系（即逻辑流程）再到数据交互，与分析方法和思维顺序相符。
- 图形表达既清楚直观又易于读者理解，胜过大段的文字描述。例如，系统架构图、处理流程图、用例图。
- 表格能够把具有相同特性的大量数据表达得更有条理。例如，对象类说明、数据表说明。

4.2.6 概要设计文档常见问题

（1）称谓前后不一致（×）

【错误案例】对于注册用户的管理是由用户管理模块实现的。用户中心模块具有对注册用户进行鉴权验证、权限管理、信息管理等功能。

【案例分析】在一篇文档或相关的一系列文档中，系统/模块/组件/接口的名称应保持一致；否则，会引起读者困惑。

（2）绘制图形时缺乏对图例的说明（×）

【错误案例】

图 4-8 是一个缺少图例的图形示例。

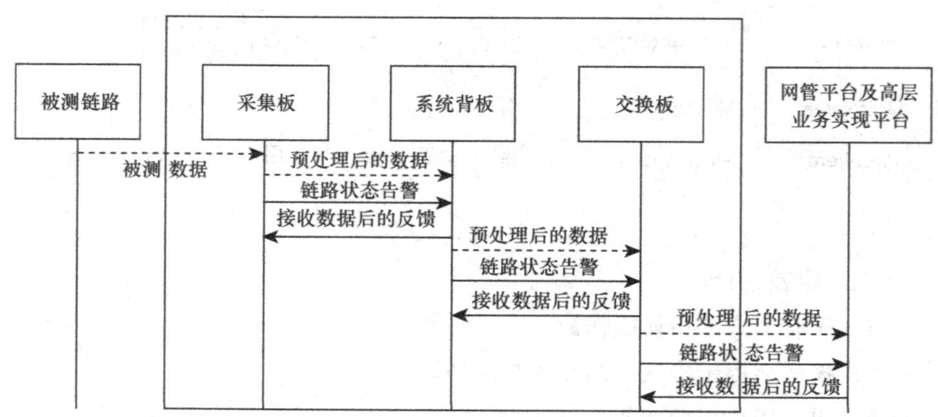

图 4-8　缺少图例的图形示例

【案例分析】对于图形中出现的不同线型所表示的含义，需要以图例的形式进行说明。

【修改建议】

修改后的图形如图 4-9 所示。

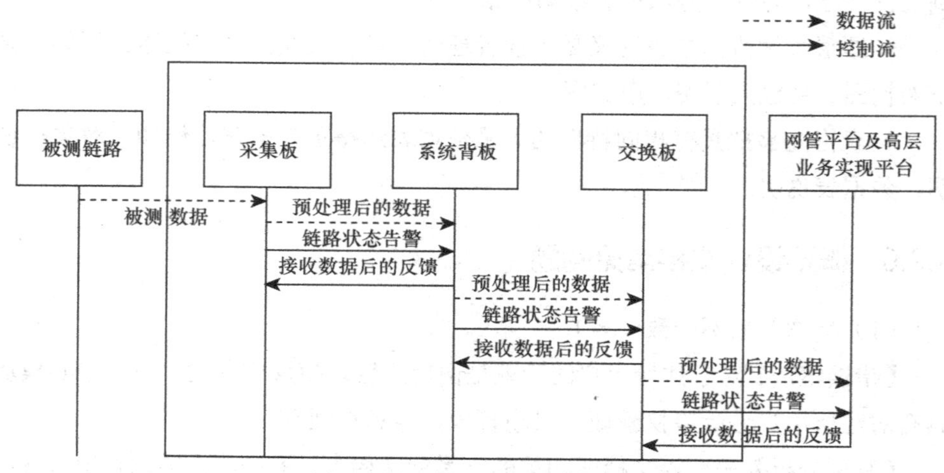

图 4-9　补充了图例的图形示例

4.3 如何写软件模块详细设计文档

4.3.1 软件模块详细设计文档简介

软件模块详细设计文档的作用是确定待开发软件模块的内部结构和处理逻辑，以指导后续的实现和测试。

- 软件模块详细设计文档的编写对象是软件模块。
- 软件模块详细设计文档的编写人是软件开发工程师。
- 软件模块详细设计文档的编写输入是概要设计文档和其相关接口说明文档。

4.3.2 软件模块详细设计文档内容框架

一、引言

一般包括：

- 编写目的：说明该文档的描述对象、内容及作用。
- 文档约定：定义该文档编写过程中采用的各种约定的含义。例如，特殊格式、重要符号、需求优先级的取值及其含义等。

二、术语、定义和缩略语

- 术语：指特定学科的专业用语。
- 定义：指对某一概念或语词的意义进行简要、准确地界定和说明。
- 缩略语：指以一种书面词或短语的缩减形式来代替整体，达到简化的目的。通常由整体的一部分或多部分删减字母形成缩写。

三、相关文档

描述本模块设计的输入文档。

四、模块概述

从本模块的需求角度，对本模块进行简单的描述，使读者能够了解本模块的需求概貌。

五、设计思路

描述在进行本模块设计过程中的相关考虑，包括对重要问题的思考、所作的决策以及作决策的原则。关键算法是设计思路中比较重要的内容。

六、模块结构

描述模块内的设计结构。

七、协作流程

描述本模块的各功能块之间相互作用、相互协作的逻辑流程。

八、类设计

对本模块包含的核心自定义类的规格逐一进行说明，便于后续的编码工作。核心自定义类，是指参与构成整个模块代码骨架的类。

九、数据定义

描述本模块中的所有关键数据以及复杂数据结构。

十、函数定义

对本模块包含的核心函数的规格逐一进行说明，便于后续的编码工作。

其中设计思路、类设计、数据定义和函数定义是最关键的 4 个部分。

4.3.3 软件模块详细设计文档写作流程

软件模块详细设计文档的写作流程如图 4-10 所示。

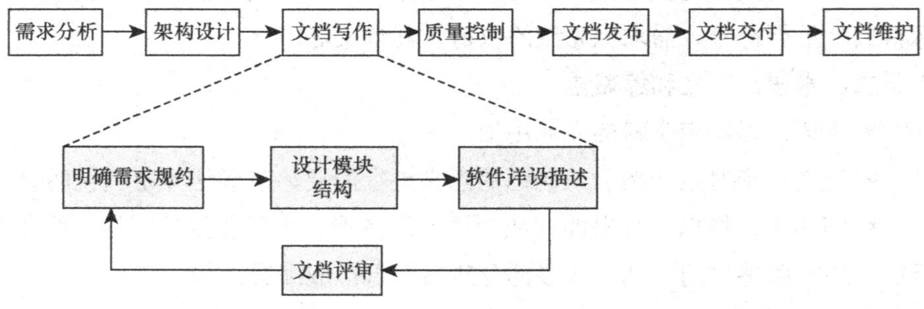

图 4-10　软件模块详细设计文档的写作流程

（1）明确需求规约

概要设计文档和接口说明文档作为软件模块详细设计文档的直接输入，是软件详细设计的出发点和依据。因此，在对模块进行详细设计之前，应该对概要设计文档和接口说明文档的内容有明确的认识，并在设计过程中一直围绕这些要求进行。

（2）设计模块结构

主要包括以下几部分：

- 确定模块的算法；
- 确定模块的数据结构；
- 确定模块接口细节。

（3）模块详设描述

设计思想和实现方法最终要展现和落实到软件详细设计文档中。为了更加直观、清楚地展示和易于代码编写人员理解，建议在编写时遵循内容模板，并采用适当的表达方法，包括流程图、盒状图、顺序图、活动图、状态图、决策表和程序设计语言 PDL。这些描述方法会在下一节进行详细介绍。

（4）文档评审

软件模块详细设计文档作为后续工作的依据和指导，通常不是一次性到位的，而是要反复地进行结构调整。因此，组织相关干系人进行文档评审，是软件模块详细设计文档写作过程中非常重要的一个环节。

4.3.4 软件模块详细设计文档写作方法

一篇好的软件模块详细设计文档要做到：

- 技术上准确无误，算法合理可行，能够指导编程人员完成编码。
- 内容上全面翔实，覆盖概要设计文档和接口说明文档包含的要求。

——架构上遵循模板要求。

——每个函数、每个数据结构、每个类，建议作为一个小节进行描述，保证架构清晰。

- 语言上清晰易读，图表结合，文档易读易理解。

——对数据结构的定义，遵循本模块所使用开发语言的编码规范。

——函数名称、数据名称和类名称的定义，遵循业界统一的命名规则。

——采用流程图、盒状图、顺序图、活动图、状态图、决策表和程序设计语言 PDL 这些常用的描述方法。

下面介绍一下软件模块详细设计文档中常用的描述方法。

4.3.4.1 流程图

流程图画起来很简单，方框表示处理步骤，菱形表示逻辑条件，箭头表示控制流。几种基本结构的画法如图 4-11 所示。

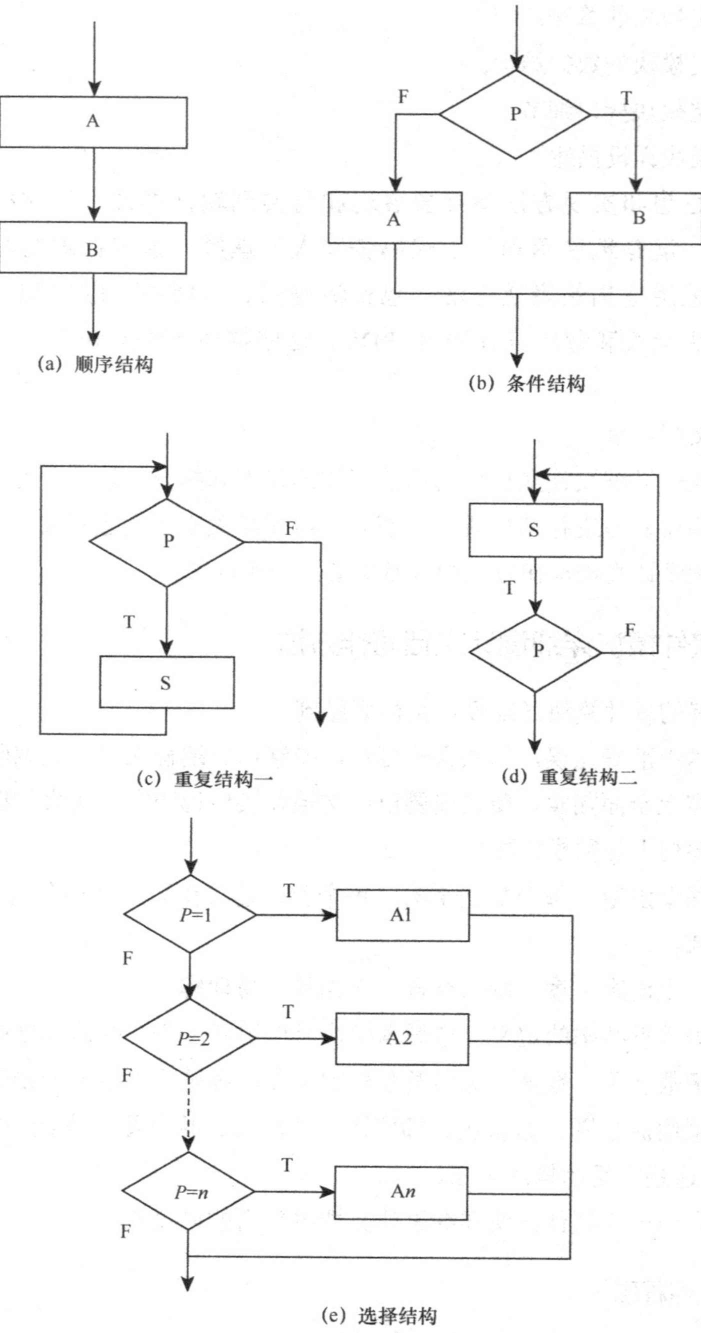

图 4-11 流程图的几种基本结构

- 顺序结构由两个表示处理的方框以及连接两者的控制线表示。

● 条件结构由一个菱形表示，如果值为真则进行 then 部分，如果值为假则进行 else 部分。

● 重复结构可由两种不同表示，第一种表示首先是测试条件，然后重复执行循环任务，只要测试条件为真就不停止。第二种表示首先是执行循环任务，然后再测试条件，只要不满足测试条件就不停止。

● 选择结构，实际上是条件结构的的扩展。参数被连续地测试，直到有一次测试为真时，其对应的处理步骤将被执行。

4.3.4.2 N-S图

N-S 图又称为盒状图，它具有以下特征：

● 功能域定义明确、表示清晰；

● 不允许随意的控制流；

● 局部和全局数据的作用域很容易确定；

● 表示递归很方便。

N-S 图最基本的组成部分是方盒，三种基本结构的画法如图 4-12 所示。

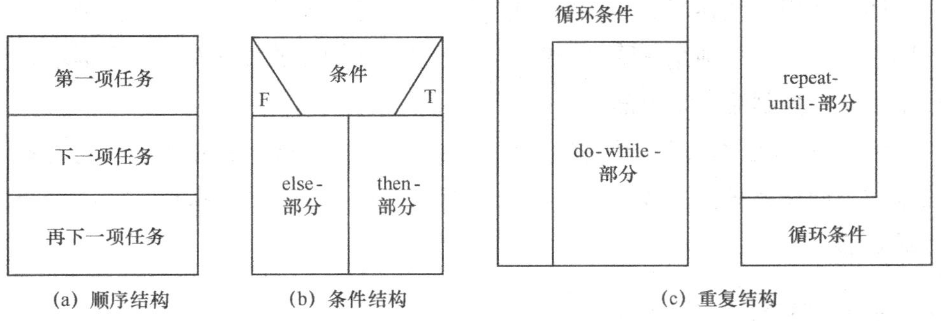

图 4-12 N-S 图的基本结构

● 顺序结构两个方盒上下相连。

● 条件结构：条件、加上 then 部分的方盒和 else 部分的方盒。

● 重复结构（循环结构）：用边界部分将处理过程包围起来表示重复。

4.3.4.3 顺序图

顺序图是将交互关系表示为一个二维图，如图 4-13 所示。纵向是时间轴，时间沿竖线向下延伸。横向轴代表在协作中各独立对象的类元角色。类元角色用生命线表示。当对象存在时，角色用一条虚线表示；当对象的过程处于激活状态时，生命线是一个双道线。

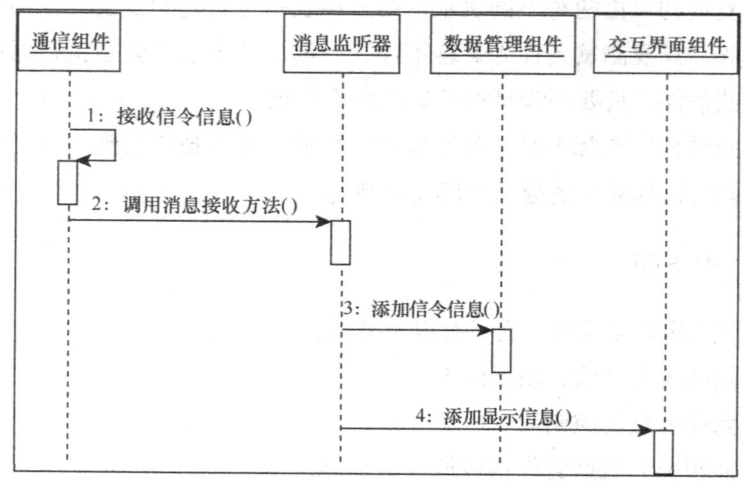

图 4-13　顺序图示例

4.3.4.4　活动图

活动图用于描述活动的顺序，展现从一个活动到另一个活动的控制流。活动图在本质上是一种流程图，如图 4-14 所示。活动图着重表现从一个活动到另一个活动的控制流，是内部处理驱动的流程。

活动图描述的是对象活动的顺序关系所遵循的规则，它着重表现的是系统的行为，而非系统的处理过程。活动图能够表示并发活动的情形，活动图是面向对象的。

4.3.4.5　状态图

状态机表示一个模型元素在其生命期间的情况：从该模型元素的开始状态起，响应事件、执行某些动作、引起转移到新状态。在新状态下响应事件、执行动作、引起转移到另一个状态，直到终结状态。

状态图主要用于建立对象类或对象的动态行为模型，表现一个对象所经历的状态序列，引起状态或活动转移的事件，以及因状态或活动的转移而伴随的动作。

状态机用状态图可视化表示，如图 4-15 所示。

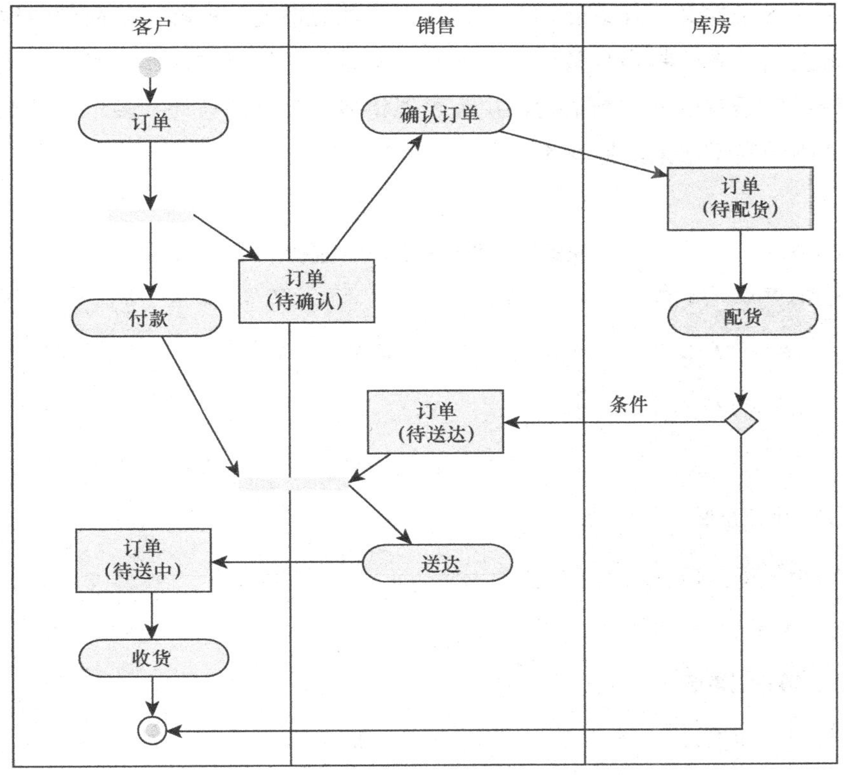

图 4-14　活动图示例

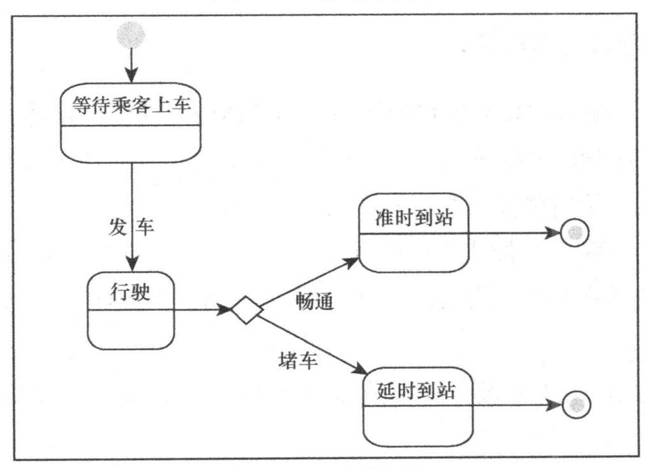

图 4-15　状态图示例

4.3.4.6　决策表

决策表又称判断表，是一种呈表格状的图形工具，适用于描述处理判断条件较多，各条件又相互组合、有多种决策方案的情况。能够精确而简洁地描述复杂的逻辑关系，将多个条件与这些条件满足后要执行的动作相对应，但不同于传统程序语言中的控制语句，决策表能将多个独立的条件和多个动作直接的联系清晰地表示出来，见表 4-3。

表 4-3 决策表示例——三角形问题决策表

C1：a、b、c 构成三角形？	N	Y	Y	Y	Y	Y	Y	Y	Y
C2：a=b?	—	Y	Y	Y	Y	N	N	N	N
C3：a=c?	—	Y	Y	N	N	Y	Y	N	N
C4：b=c?	—	Y	N	Y	N	Y	N	Y	N
a1：非三角形	X								
a2：不等边三角形									X
a3：等腰三角形					X		X	X	
a4：等边三角形		X							
a5：不可能			X	X		X			

4.3.4.7 程序设计语言 PDL

程序设计语言（PDL）也称为结构化的英语或者伪码。它是一种混合语言，采用一种语言的词汇（英语）和另一种语言的语法（一种结构化程序设计语言）。在编码的时候，伪码稍作演变就成了代码的注释。

PDL 作为一种用于描述程序逻辑设计的语言，具有以下特征：

- 有固定的关键字外语法，提供全部结构化控制结构、数据说明和模块特征。
- 内语法使用自然语言来描述处理特性，为开发者提供方便，提高可读性。
- 数据说明机制既可以说明简单数据结构（如标量和数组），也可以声明复杂数据结构（如链表和树）。
- 支持各种接口描述的子程序定义和调用技术。

4.3.5 软件模块详细设计文档写作要求

4.3.5.1 编写“设计思路”

这部分的编写程度应该达到能够解答读者的“打算设计成什么样子以及为什么要设计成这个样子”的疑问。

常见的重要考虑包括：

- 如何满足性能指标需求；
- 如何满足资源限制；
- 如何实现关键功能需求；
- 如何设计最优的状态机；
- 如何得到最佳的类结构；
- 如何复用或共用代码；
- 如何满足可能的扩展性需求；
- 如何实现关键算法；
- 如何组织核心的数据；
- 如何使用芯片的片内内存；
- 如何得到好的界面；
- 如何方便将来的调试；
- 如何方便将来的测试。

下面以关键算法、性能指标和状态机为例，谈一谈如何描述设计思路。

（1）关键算法设计

对每个关键算法的设计描述，至少应该包括：

- 算法的背景、功能和性能要求。
- 算法的输入和输出。
- 算法的形成思路和各种可能算法的比较。
- 最终选择算法的逻辑描述。可以使用流程图、盒装图和伪代码等方法来描述算法逻辑。

（2）性能指标设计

软件性能是指在指定条件下，相对于资源使用总量，软件产品提供恰当的执行效果的能力。一般包括如下一些方面。

- 时间响应：软件产品执行其功能时，提供恰当的响应和处理时间的能力。
- 资源的使用效率：在指定条件下，软件产品执行其功能时，占用恰当的资源的能力。
- 吞吐量：指单位时间内能够处理的事件个数，或单位时间传输的数据量。

性能指标设计思路应该根据概要设计文档或接口说明文档，对分解给本模块的性能指标需求或者规范标准的要求，分析影响指标的要素，给出对应的解决方案。

一般情况下，分析和计算预测的平均响应时间和平均吞吐量就可以了。但是，在大多数实时系统中，峰值比平均值更加重要。例如，在一些比较重要的系统中，每秒可能需要处理成千上万个命令或过程，在高峰期间会造成交易阻塞或停止，这是用户无法接受的。所以，必须估计最大响应时间和峰值吞吐量。

【举例一】

进程资源占用设计

SCOC（SCCP 面向连接控制模块）在系统中同时只存在一个进程，以“SCOC”名字登记。但该进程中包含多个实例，每个实例代表一个呼叫连接。系统最多同时存在 8000 个呼叫链接，因此最多需要 8000 个实例。

分配给本模块的 256KB 数据空间将平均分配给 8000 个实例，每个实例占用 32Byte 的数据空间。

进程关键属性如下：

名称：SCOC

最大进程实例数：1

每进程包含的最大实例数：8000

进程数据区大小：每个实例占用 32B，总的数据区大小为 256KB。

堆栈空间：4KB

优先级：80

进程生命期：系统开始运行时就生成，在系统运行期间一直存在。

实例生命期：每个实例对应一个呼叫连接。当需要建立 A 口信令连接时对应实例生成，当呼叫释放信令连接后对应实例消亡。

【举例二】

本系统要实现对接口机信令的实时跟踪，在数据量大的情况下，通信线程来不及处理，可能会导致网络堵塞，影响系统响应速度。因此可以考虑在通信层设计缓冲队列，接收到的信令信息先放入到缓冲队列，由其他线程进行处理，通信线程则继续接收来自接口机的信令信息。消息处理线程与缓冲队列可以采用观察者模式进行设计。下图描述了通信缓冲机制。

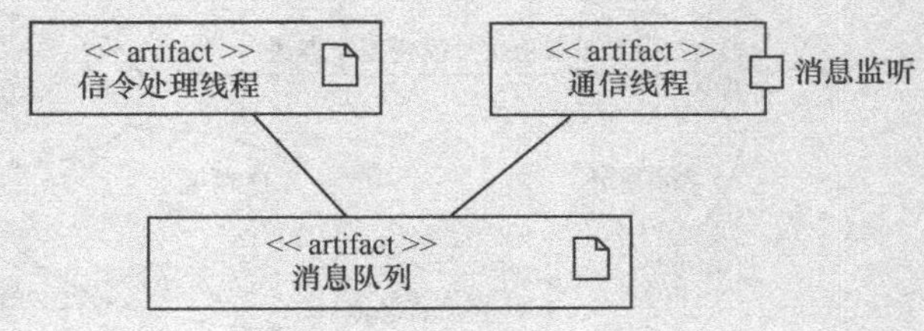

（3）状态机设计

对于复杂的消息类进程，一般会包含一个状态机，这是模块实现的一个关键。如果本模块同时包含多个状态机，则应该分别描述每个状态机的设计思路。

一般来说，为了较好地描述一个状态机，至少需要包含下面两部分的信息：

- 完整的状态图。需要包含所有状态及状态间的转换。
- 对每种状态的含义进行说明。建议使用表格描述方式。

除了描述状态机本身，还应该尽可能描述该状态机的设计思路，即区别各状态的关键因素是什么、为何要这样划分状态。

坐席状态机设计

坐席的状态迁移图如下所示。

共分为 3 种状态：asLock、asFree、asBusy。每一个状态都对应坐席在 CTI（计算机通信集成）进程中的某一特定状态，具体过程如下：

- 坐席登录：从坐席资源池中申请一个坐席资源，将坐席置为 asBusy 状态。
- 坐席挂机后示闲：坐席从 asBusy 状态转到 asFree 状态。
- 坐席示忙：坐席从 asFree 状态转到 asBusy 状态。
- 呼叫找到该坐席：坐席从 asFree 状态转到 asLock 状态。
- CT 要求示忙（收到振铃事件）：坐席从 asLock 状态转到 asBusy 状态。
- 呼叫锁定超时释放该坐席：坐席从 asLock 状态转到 asFree 状态。

• 坐席签退：坐席从目前的状态中释放，将坐席释放到坐席资源池中。

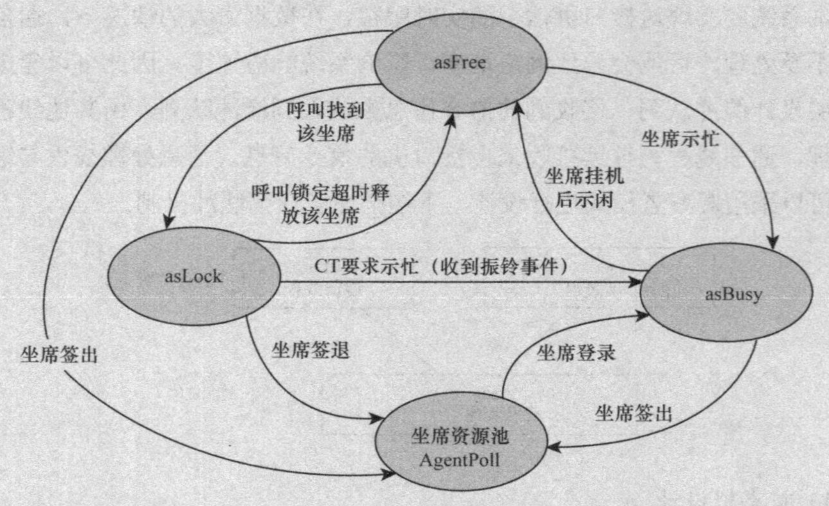

各状态的含义如下表所示。

状态名称	所属状态	状态说明
asFree	无	坐席空闲状态
asLock	无	坐席锁定状态
asBusy	无	坐席示忙状态

4.3.5.2 编写“模块结构”

这部分描述模块内的设计结构。

• 如果采用“面向过程“的设计方法，请提供组成模块的功能块、对应的函数集，以及函数之间的调用关系。

• 如果采用“面向对象“的设计方法，请提供组成模块的包、类结构，以及包和类的组织方式。

关于类的详细定义，请在“类设计”一节中进行描述。

通信层模块结构

通信层模块负责消息的收发，通过通信组件来完成。通信层模块的内部结构如下图所示。

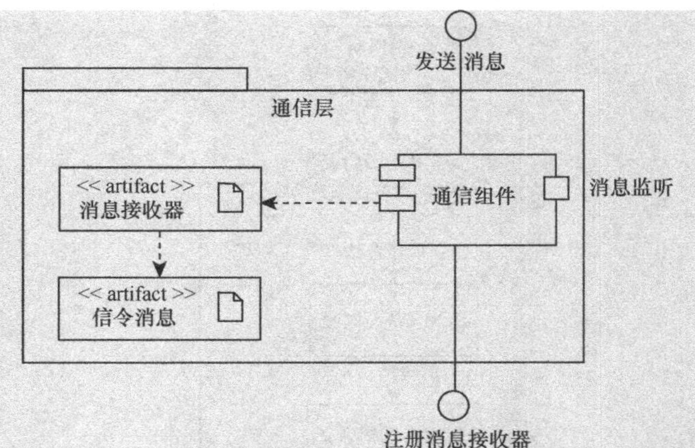

通信组件对外提供两个接口，分别是发送消息接口和注册消息接收器接口。

通信层的几个主要类及其关系如下图所示。

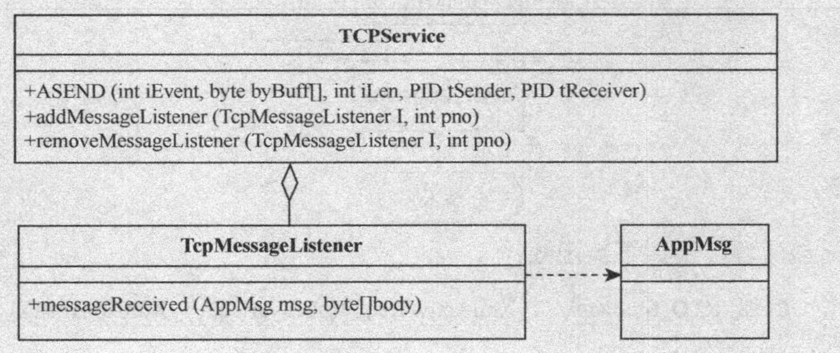

4.3.5.3 编写“协作流程”

模块结构中的各功能子模块不是独立存在、独立运行的，而是通过相互作用、相互协作来实现模块的需求项和功能点的。各功能子模块是相互作用、相互协作的过程，通过协作流程来描述。

协作流程在表达上可以采用顺序图、活动图、流程图和程序设计语言 PDL 等方法。

（1）流程图

停用 XML 流程文件

停用 XML 流程文件的流程图如下所示。

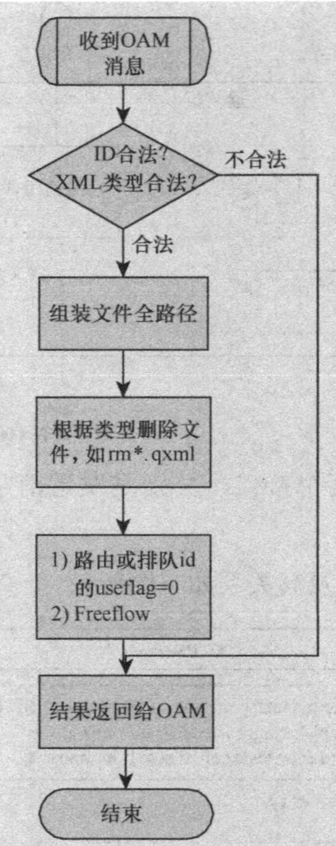

该流程涉及如下新函数：

```
UINT8 RTQ_StopXml (T_XmlActiveReq *pActiveReq, T_XmlActiveAck *pAck, E_FlowType type)
```

处理流程说明如下：

1．RTQ 接收到 OAM 发送的 EV_RTQ_XML_REQ 事件后，对消息 T_XmlActiveReq 长度进行检查，出错则打印日志后直接返回；

2．RTQ 调用函数 RTQ_ValidateActiveReq 对消息 T_XmlActiveReq 的内容进行检查，出错则通过事件 EV_RTQ_XML_ACK 将消息 T_XmlActiveAck 发送给 OAM；

3．RTQ 判定消息 T_XmlActiveReq 的 funcType 为 2，xmlType 不为 0 时调用函数 RTQ_StopXml 删除对应的 XML 流程文件；

4．RTQ_StopXml 根据加载的类型和 flowId 确定流程文件，将该文件删除，同时将该流程的使用标志位置 0，然后向 OAM 发送成功的消息。

（2）顺序图

设置链路信息组件交互过程

设置链路信息组件的交互过程如下图所示。在系统中，设置链路信息涉及交互界面组件和数据管理组件，交互界面组件负责链路设置窗口的显示以及用户输入信息的收集和校验，并把符合要求的数据提交到数据管理组件。如果输入信息不符合要求，则由交互界面组件负责显示提示信息。

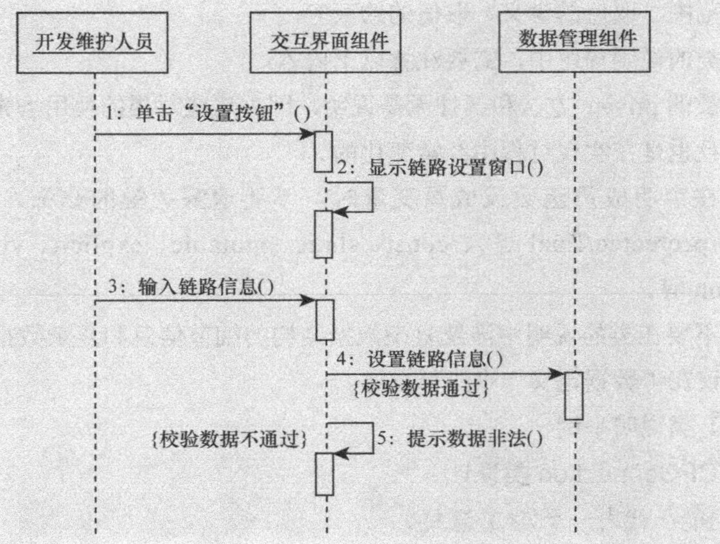

4.3.5.4 编写“类设计”

这部分对本模块包含的核心自定义类逐一进行说明，为后续的编码工作做好准备。核心自定义类是指参与构成整个模块代码骨架的类。

每个自定义类单独一节，从“类的说明”和“类方法”两方面进行描述。

在 Java 语言中，类的含义扩展到接口（Interface），也就是说，接口也在“类设计”中进行定义。

类的说明包括类的下述信息。

- 类的父类（基类）或实现/扩展的接口。包括继承的方式（public/private/protected）。
- 类使用的公共数据。罗列类用到的公共数据，这些数据可以是其他模块提供的公共数据，也可以是本模块内的公共数据。

● 特殊要求（必要的话）：罗列类的性能要求以及可以使用的资源和数量。常见的资源包括内存、打印机、显示器或其他的特殊资源/设备。

● 类结构声明：包含类的所有自定义的 public 和 protected 方法（成员函数）、自定义的 public 和 protected 属性（成员变量），以及其他信息，如自定义的友元（friend）类或函数、自定义的 public 和 protected 的嵌入式类型定义等。

● 属性说明：对每个 public 或 protected 的属性的说明，包括属性的用途、取值的范围、取值的含义、取值的约束等。

在类的说明描述中，需要注意以下内容：

● 类的 private 方法和属性无需说明，因为这些对类的使用者来说是不可见的，而且也是在实现过程中经常变化的。

● 在声明成员函数或成员变量时，不要遗漏关键的修饰，包括限定符（public/protected/final 等）、const、static、mutable、explicit、virtual、throw exception 等。

● 不要在类的说明中涉及复杂数据结构的细节信息和复杂数据结构，这些内容建议在“数据定义”中进行描述。

（1）类说明举例

TCPConnection 类设计

功能：代表一个 TCP 连接。

特殊要求：

RAM，每个实例的最大数据空间小于 8KB。

使用的公共变量：

InstanceData（模块内）

结构：

```
class   TCPConnection
{
    friend class TCPState;
public:
    TCPConnection (const TCPConfig t );
    public int ActiveOpen( );
    public int PassiveOpen( );
    public int Close( );
```

```
        public int Send( const TCPOctetStream* stream );
        public int Synchronize( );
        public TCPState GetState( );
    }
```

说明：本类没有非 private 的属性和成员变量。

类方法描述应该包含下列内容：

- 功能：对函数完成的功能的简单描述。
- 方法定义：格式如下：

函数类型 函数名（形参类型 1 形参名称 1，形参类型 2 形参名称 2，……）；

- 输入输出数据说明：对函数的返回值（分类为 R）、输入参数（分类为 I）、输出参数（分类为 O）和输入输出参数（分类为 IO）。如果是简单类型（指开发平台预定义的数据类型），则给出参数的取值范围和取值含义说明；如果是复杂类型，则应该在“数据定义”中加以详细描述，这里只给出简单说明。需要注意的是，如果本函数是供模块之外调用的函数，其输入输出数据的说明必须和上游文档保持一致。
- 处理逻辑：格式和内容要求见“函数设计”中的“处理逻辑”的指导说明。需要说明的是，如果该方法并不直接对类的外部有任何影响，则可以用文字来说明其处理逻辑。

（2）类方法说明举例

类方法 getSignalObject()的说明

说明：

获取信令信息。

方法定义：

```
public SignalObject getSignalObject (
String traceId,
String signalObjectId
);
```

输入参数：

traceId：跟踪标识，String 字符串类型；

signalObjectId：信令信息标识，String 字符串类型；

返回值：

信令信息，com.zte.zxin10.mtrace.core.data，SignalObject 类型

异常：无

处理逻辑：

根据输入参数从信令信息库查找信令信息，并返回结果，未找到则返回 null。

4.3.5.5 编写“数据定义”

这部分描述本模块所有的关键数据，包括如下内容：

- 内部公共数据；
- 消息类模块的进程数据；
- 外存上的数据（文件）；
- 宏数据，说明宏的名称、定义及含义；
- 常量数据，说明常量的名称、类型、取值以及含义。

对数据结构的定义，应该遵循本模块所使用开发语言的编码规范，如字节对齐的要求、内存占用情况的说明等。

数据结构的说明，包括下述内容：

- 数据结构的名称；
- 数据结构的用途：对关键数据职责的描述；
- 数据结构的其他相关名称：包括该数据结构的别名或指针类型的名称；
- 数据结构的声明：说明数据结构的数据类型；
- 数据结构中的各组成元素的说明：如有效取值范围、各取值含义等；
- 其他说明：如存放位置、大小限制等。

【举例一】

数据结构 T_FtpReqInfo 说明

用途：本数据结构用于提供申请 FTP 文件传输的信息。

相关名称：LPT_ FtpReqInfo

结构声明：

```
typedef struct {
    LPSTR lpLocalFileName;
    LPSTR lpRemoteFileName;
```

```
        BOOL bUseCheckSum;
        DWORD dwKey;
        BYTE byBscNo;
        BYTE byModuleNo;
        BYTE byLeftRight;
    } T_FtpReqInfo;
    typedef   T_FtpReqInfo*   LPT_FtpReqInfo;
```

元素说明：

1）lpLocalFileName：本地文件名，需要包括路径。

2）lpRemoteFileName：

……

其他说明：无

【举例二】

宏定义

本模块的自定义的宏的说明如下表所示。

序号	宏名称	定义	说明
1	MAX_INSTANCE_NUMBER	32	最大实例数
2	FAILED(a)	a != 0	用于判断函数调用是否失败
3	SUCCEED(a)	a == 0	用于判断函数调用是否成功

【举例三】

常量定义

本模块的自定义的常量说明如下表所示。

序号	常量名称	类型	取值	说明
1	max_instance_number	int	32	最大实例数
2	max_message_length	int	256	消息最大长度（字节数）
3	process_TM_name	string	"RSM_TM"	TM 进程名称

4.3.5.6 编写“函数设计”

这里的“函数”是一个泛的概念，不同的编程语言实际指的对象不尽相同。

- 在 C 等编程语言中，指函数（function）；
- 在 Pascal 编程语言中，指过程（procedure）；
- 在汇编语言中，指子过程（subroutine），这时函数的参数指各寄存器或堆栈中必须存放好的等待子过程使用和产出的临时数据。

每个函数需要作为一个小节进行描述。必要的话，可以将函数进行分组，分组方案建议如下：

- 包含状态机的进程型模块，可以按照状态对函数进行分组说明；
- 以关键数据为组织核心的模块，可以按照每类关键数据的相关函数进行分组说明；
- 按照对外的接口函数和内部函数来分组。

针对每一个函数的描述需要覆盖如下信息。这些信息不仅作为后续编码的依据，而且作为单元测试的依据。

① 功能：简单描述函数的功能。

② 使用的公共数据：罗列本函数用到的公共数据。这些数据可以是其他模块提供的公共数据（表格中的分类填“外”），也可以是本模块内的公共数据（表格中的分类填“内”）。类的属性（成员变量）不属于公共数据。

③ 函数声明格式如下：

```
函数类型 函数名（形参类型1 形参名称1，形参类型2 形参名称2，……）；
```

④ 输入输出数据说明：描述函数的返回值、输入参数和输出参数。

- 如果是简单类型，请给出参数的取值范围和含义说明。
- 如果是复杂类型，且只被本函数使用，请在本函数中直接定义。否则请在“数据定义”中详细描述，这里只给出简单说明。
- 函数间存在调用关系时，请保持输入输出数据说明的一致性。
- 处理逻辑。描述函数的处理逻辑，形式上可以有很多种，需要根据函数处理逻辑的特点或项目的规定来选择合适的描述形式。一般比较常见的描述形式包括流程图、决策表和程序设计语言 PDL。

函数说明举例如下：

C_SIM_GetExternDataAddr ()函数说明

本函数信息见下表。

<table>
<tr><td colspan="2">名称</td><td>C_SIM_GetExternDataAddr</td><td>类型</td><td>主函数</td></tr>
<tr><td colspan="2">功能</td><td colspan="3">根据 SIM 数据区索引获取 SIM 扩展数据区</td></tr>
<tr><td colspan="2">性能</td><td colspan="3">无</td></tr>
<tr><td>序号</td><td>分类</td><td colspan="3">被调用函数</td></tr>
<tr><td>1</td><td>外</td><td colspan="3">无</td></tr>
<tr><td>2</td><td>内</td><td colspan="3">C_SIM_DbGetDataArea</td></tr>
<tr><td>序号</td><td>分类</td><td colspan="3">使用的公共数据</td></tr>
<tr><td>1</td><td>外</td><td colspan="3">无</td></tr>
<tr><td>2</td><td>内</td><td colspan="3">C_SIM_BLOCK_T</td></tr>
<tr><td colspan="5">资源限制</td></tr>
<tr><td colspan="5">无</td></tr>
<tr><td colspan="5">函数声明</td></tr>
<tr><td colspan="5">SIM_EXT_BLOCK_T *C_SIM_GetExternDataAddr (WORD32 dwSimIndex);</td></tr>
<tr><td>序号</td><td>分类</td><td colspan="3">输入输出数据说明</td></tr>
<tr><td>1</td><td>R</td><td colspan="3">SIM_EXT_BLOCK_T * 扩展数据区指针</td></tr>
<tr><td>2</td><td>I</td><td colspan="3">无</td></tr>
<tr><td>3</td><td>O</td><td colspan="3">SIM_EXT_BLOCK_T *扩展数据区指针</td></tr>
<tr><td>4</td><td>I</td><td colspan="3">dwSimIndex：Sim 数据区索引。</td></tr>
</table>

处理逻辑：

本函数的处理逻辑参见下面 PDL。

```
SIM_EXT_BLOCK_T *C_SIM_GetExternDataAddr(WORD32 dwSimIndex)
{
    SIM_EXT_BLOCK_T * ptSIMExternBlock = NULL;
    ptSIMExternBlock = (SIM_EXT_BLOCK_T *)
    C_SIM_DbGetDataAddr(SIM_EXTERN_BLOCK, dwSimIndex);
    if ( NULL == ptSIMExternBlock)
```

```
        {
            return NULL;
        }
        return ptSIMExternBlock;
    }
```

4.4 如何编写测试用例

4.4.1 测试用例简介

为保证产品质量，需要对产品进行产品测试。测试用例是对特定产品的测试任务的描述，体现测试方案、方法、技术和策略，需要针对具体产品的功能、业务设计测试用例。测试用例文档是测试的依据和标准，用于指导测试执行者按用例项目和测试步骤逐一实施测试。

根据作用和目的不同，测试用例可以分为正面测试用例和负面测试用例两类。

- 测试用例用于证明该需求已经满足，通常称作正面测试用例。
- 测试用例反映某个无法接受、反常或意外的条件或数据，用于论证只有在所需条件下才能够满足该需求，通常称作负面测试用例。

一份好的测试用例文档，无论谁来实施测试，只要严格按照测试用例执行，都能保证测试的质量。因此，测试用例是测试工作的指导，是产品测试中必须遵守的准则，是产品测试质量稳定的保证。

4.4.2 测试用例内容框架

一、引言

一般包括：

- 本测试的简介：说明测试目的、范围和其他需要测试执行者关注的问题。
- 文档约定：定义该文档编写过程中采用的各种约定的含义。例如，特殊格式、重要符号、需求优先级的取值及其含义等。

二、术语、定义和缩略语

- 术语：指特定学科的专业用语。
- 定义：指对某一概念或语词的意义进行简要、准确地界定和说明。
- 缩略语：指以一种书面词或短语的缩减形式来代替整体，达到简化的目的。通常由整体的一部分或多部分删减字母形成缩写。

三、测试环境

一般包括：

- 本测试环境实际使用的计算机、仪器仪表等硬件名称及其相应的参数指标。
- 测试环境实际使用的软件名称及其相应的参数。如操作系统、数据库、相应设备所安装的软件。
- 测试所需软件运行情况及数据支撑情况。如需要哪些进程处于运行状态，被测软件及相关软件所处运行状态（这里指较稳定、较易达到的状态），数据库中必须具有哪些数据。
- 列出本测试环境搭建完成后的验证方法，即检查该测试环境是否已经可用。
- 本测试环境组件的版本和连接示意图。

四、测试用例

这部分内容是测试用例文档的主体。每个测试用例应描述该测试用例的测试目的、测试步骤、预期结果、通过准则和测试用例属性（如测试等级、用例类别），一般包括：

- 测试目的：描述本测试用例需要测试的内容和所期望达到的目的。
- 预置条件：描述本测试用例所用的测试环境标识及必需的数据准备等条件。
- 测试步骤：分步列出从操作被测对象开始，至得到测试结果为止的具体操作。这些操作中包括参数输入，查看数据变化或运行结果等。
- 预期结果：描述测试用例执行过程中和完毕后，可以观察到的被测对象的变化情况。如：进程及状态机的运行情况或相关数据变化，屏幕上的提示信息等。
- 通过准则：描述在得到预期结果后，确定该测试项可被确认为通过的标准。如果出现其他情况的测试结果，给出如何进行分析判断的方法。

- 测试等级<可选>：高/中/低。该测试用例在本测试任务中的相对重要性。一般情况下按经验定高：中：低=2：5：3。高等级的测试用例一般为在测试时间比较短的情况下优先测试。
- 用例类别<可选>：功能测试/性能测试/可靠性测试/压力测试/……，可以是多值。

五、其他说明

描述进行测试时需要说明的其他内容。

六、参考资料

列出参考文献清单。

4.4.3 测试用例写作流程

测试用例写作流程如图 4-16 所示。

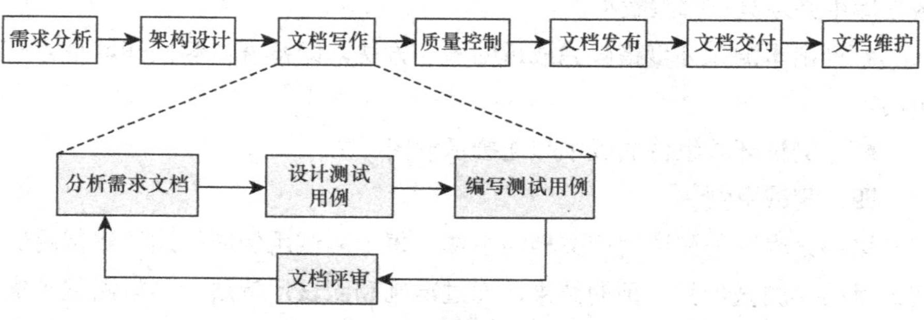

图 4-16 测试用例写作流程

4.4.3.1 分析需求文档

测试用例文档以需求说明书为输入。测试用例的作者需要对照产品需求说明书的各需求点，了解目标系统的功能并找出对应的各种测试点。

4.4.3.2 设计测试用例

常见的测试用例设计方法有以下三种。

（1）按功能设置用例

按功能测试是最简捷的，其做法是按用例规约遍历系统每一功能。

对于复杂的程序模块，各功能往往相互影响、紧密相关、环环相扣，可以演变出数量繁多的变化。没有严密的逻辑分析，按功能来设置测试用例通常会造成遗漏。

（2）按路径设置用例

按路径设置用例最大的优点就是可以避免漏测试。

路径代指函数代码的一个分支。其具体做法是：首先找出系统运行过程中涉及的全部路径；然后为每条路径设定优先级，根据优先级有针对性地进行路径择取；最后为选定路径挑选测试数据，构造用例。

按路径设置用例的局限性在于：对于模块数较多且关联密切的系统，其路径数量将成几何级增长，这种情况下是无法设定系统所有路径的。

（3）按功能、路径混合模式设置用例

按功能、路径混合模式设置用例的方法是：按照各被测功能的操作方法及流程设计测试用例，以减少重复用例、无效用例的数量，达到以尽可能少的用例完成功能测试的目的。

4.4.3.3 编写测试用例

测试用例在编写时应遵循以下几个原则。

- 系统性：文档能够明确表示出系统的有机组成及其相互关联。
- 连贯性：文档能够明确表示系统及子系统的业务关系。
- 全面性：文档能够覆盖系统各业务；尽量覆盖各路径；包含各业务功能的异常情况。
- 正确性：文档提供的测试数据应能够验证需求说明书提出的对应需求。
- 符合正常业务惯例：符合系统工作流，并应兼顾各种变化。
- 仿真性：文档中提供的测试人名/地名/电话号码应具有模拟性，符合一般命名规则。
- 容错性（即健壮性）：文档应考虑异常数据输入时系统的应对性。

4.4.3.4 文档评审

产品测试作为直接关系产品质量的研发活动，是研发过程中非常重要的一个环节。因此，测试用例文档完成后，务必要组织相关关系人进行文档评审，以保证后续测试工作的顺利开展。

评审内容应重点关注测试用例文档的以下几个方面。

- 是否覆盖测试需求的所有功能点。
- 用例结构是否清晰、合理。
- 用例优先级是否合理。
- 用例是否具有良好的可执行性。例如用例的前提条件、执行步骤、输入数据和期待结果是否清晰、正确；期待结果是否有明显的验证方法。
- 是否已经删除了冗余的用例。
- 是否包含充分的负面测试用例。根据二八原则（健壮的软件其 80%的代码都是在“保护”20%的功能实现），负面用例应 4 倍于正面用例。
- 是否从用户层面来设计使用场景和使用流程的测试用例。
- 是否简洁、复用性强。重复度高的步骤或过程可以抽取出来定义为可复用的标准步骤。

4.4.4 测试用例写作实例

以一个团购网站系统为例，对其测试用例文档的写作进行介绍。这里只关注该测试用例文档的写作过程及表达方法，不关注其内容的正确性。

4.4.4.1 分析需求文档

按照《团购网站系统需求说明书》进行需求分解、归类，画出需求图谱，理清主线需求。团购系统的主要业务需求包括用户参团、订单处理、交易结算、商品更新等。

4.4.4.2 设计测试用例

该系统功能模块较少且相对独立，因此适合按路径设置用例。

① 整理出团购系统关键工作流程所涉及的全部路径。例如，用户在团购系统上购买商品的操作路径可以分解为图 4-17。

② 设定路径优先级，优先选取级别高的路径。例如，用户登录验证机制、查询结果反馈速度、与第三方支付系统的接口通信等直接关系到用户的购物体验，优先级别应设置为“最高”。

③ 选取测试数据，构造用例。例如，测试团购系统的搜索引擎是否能满足需求，选取查询时间段为 9:00～10:00（早高峰）、12:00～13:00（午高峰）、

21:00～22:00（晚高峰）。

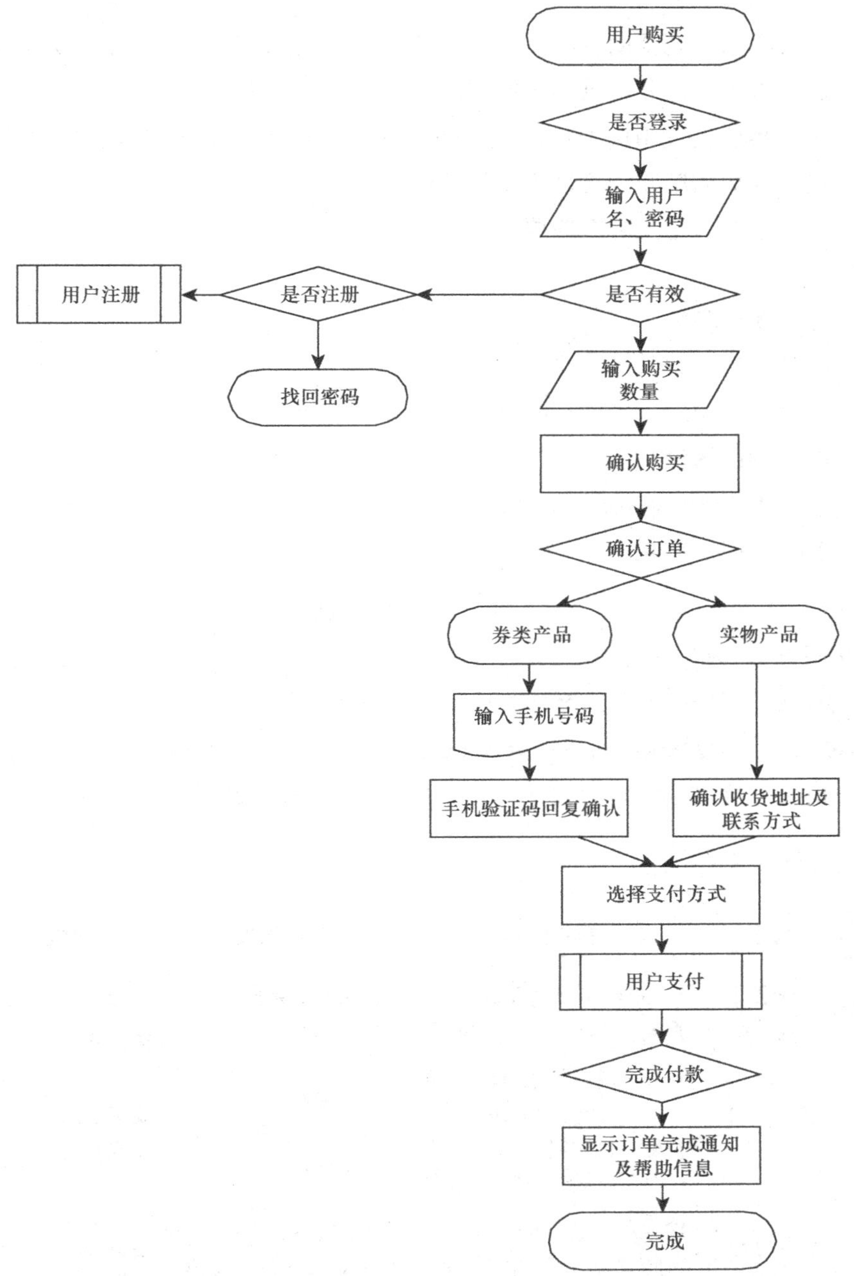

图 4-17　设计测试用例示例

4.4.4.3 描述测试用例

一、引言

本文档用于规范团购网站系统（以下简称“系统”或“本系统”）测试执行中的操作过程，并提供具体的测试用数据。

本文档以测试用例为单位描述针对各条需求或待测特性的测试过程。测试用例的安排顺序即为测试活动的执行顺序。

二、术语、定义和缩略语

略。

三、测试环境

硬件：PC 一台。

软件：Windows XP 操作系统；IE 6.0 浏览器。

四、测试用例

4.1 用户管理模块功能测试

4.1.1 用户登录模块

用例名称	系统登录
用例等级	高
用例描述	用户名存在、密码正确的情况下，进入系统
前提条件	已注册用户名 test，密码 test123
用例入口	打开 IE，在地址栏输入相应地址，进入系统登录页面

测试步骤：

序号	场景	操作内容	预期结果	通过准则
1	登录页显示	从 IE 浏览器进入系统登录页面	页面元素完整，显示与详细设计一致	实际结果与预期结果相同
2	用户名不存在	• 输入用户名“1111”，密码“空”，单击“登录”按钮 • 输入用户名“ttt”，密码“1”，单击“登录”按钮	弹出提示：“用户名不存在，请输入正确的用户名!”	实际结果与预期结果相同
3	用户名非法	输入用户名“!·#￥%”，密码“空”，单击“登录”按钮	弹出提示：“用户名格式不正确，请输入正确的用户名!”	实际结果与预期结果相同

续表

序号	场景	操作内容	预期结果	通过准则
4	密码错误	• 输入用户名“test”，密码“空”，单击“登录”按钮 • 输入用户名“test”，密码“1111”，单击“登录”按钮	弹出提示：“密码错误，请输入正确的密码！”	实际结果与预期结果相同
5	登录成功	输入用户名“test”，密码“test123”，单击“登录”按钮	进入系统主视图	实际结果与预期结果相同
6	密码输入时“Caps Lock”打开提醒	输入用户名“test”，填写密码时按下“Caps Lock”键	浮框提示：“大写锁定打开！”	实际结果与预期结果相同
7	Tab 切换	在用户名、密码输入框之间使用 Tab 按键	鼠标能够在两个输入框之间跳转	实际结果与预期结果相同
8	输入有效性检查	不输入用户名、密码，单击“登录”按钮	弹出提示“请检查用户名和密码的输入是否正确”	实际结果与预期结果相同
9	容错性验证	在用户名输入框输入：aaaaabbbbbcccccdddddeeeee	根据详细设计文档的规定，大于 20 个字符时系统不显示	实际结果与预期结果相同
10	安全性验证	连续 3 次密码错误	弹出提示：“您的账号已被锁定，请 24 小时后尝试或拨打客服电话”	实际结果与预期结果相同

……

五、参考资料

《团购网站系统需求说明书》

《团购网站系统概要设计》

《团购网站系统××模块详细设计》

4.4.5 测试用例写作要点

（1）测试用例功能要单一

一个测试用例集就只检查一个功能模块。如果包含的功能点太多，会使得测试用例比较混乱，降低了可读性。

（2）测试步骤描述要清晰

每个测试步骤必须含有明确的操作动作。一个步骤，仅包含一个独立的动作或一个命令；对于连贯的动作，可以作为一个步骤。这样有助于提高用例的可操作性。

（3）测试数据设定要明确

测试数据应尽量选取典型、有代表性的数据，通常包含合法数据、非法数据、边界数据等。

4.4.6 测试用例常见问题

（1）一个测试用例对应多个测试点（×）

【错误案例】

某产品《测试用例》的部分章节内容如下：

1.4　单板时钟告警测试

1.5　单板时钟同步测试

……

【案例分析】

测试用例的划分要单一，一个测试用例只检查功能点的一种情况。一个样例检查的情况太多，会导致用例的目的不明确。

案例所示的测试用例有以下问题：

1）时钟告警是一类大功能，包括了不同原因导致时钟告警发生的多种情况。因此无法用一个测试用例覆盖到。

2）同样，时钟同步也包括了不同同步方式下的多种情况，也违背了一个测试用例对应功能点一种情况的规则。

【修改建议】

1.4　单板时钟告警原因一测试

1.5　单板时钟告警原因二测试

1.6　单板时钟告警原因三测试

1.7　单板时钟同步方式一测试

1.8　单板时钟同步方式二测试

1.9　单板时钟同步方式三测试

……

（2）预置条件不明确（×）

【错误案例】

下面是某产品的非法用户登录时的测试样例。

1）预置条件

网络连接通信正常。

2）测试步骤

① 输入用户名为 admin，密码为 admin%。

② 单击［登录］选项。

3）预期结果

① 系统拒绝该用户登录。

② 提示错误信息：“对不起，您的用户名密码不正确，请重新确认再登录”。

……

【案例分析】

该案例中，在缺少合法用户名 amin、密码 admin 的前提条件下，读者无法认同判断用户名 admin 和密码 admin%是错误的用户名和密码。

【修改建议】

1）预置条件

① 网络连接通信正常。

② 用户名 admin，密码 admin。

2）测试步骤

① 输入用户名为 admin，密码为 admin%。

② 单击［登录］选项。

3）预期结果

① 系统拒绝该用户登录。

② 提示错误信息：“对不起，您的用户名密码不正确，请重新确认再登录”。

……

（3）测试步骤不具可操作性（×）

【错误案例】

某产品测试用例。

1）测试步骤

在用户信息界面修改用户信息。

2）预期结果

……

【案例分析】

测试用例的步骤描述要简单、清晰，这样测试用例在执行时很清晰，有很高的可操作性，执行者对于执行结果是否正确也非常清楚。上面的案例中没有修改用户信息的确切步骤，因此不具可操作性。

【修改建议】

1）测试步骤

① 输入用户名 admin 和密码 admin 登录系统。

② 单击［用户信息］选项。

③ 修改用户名为“test”，密码为“test”。

④ 单击［保存］选项。

2）预期结果

（4）测试环境不匹配（×）

【错误案例】

某 UMTS 频段手机本地呼叫固定电话的测试用例。

1）测试环境

GSM 网络。

2）测试任务

① 测试目的

检测 UMTS 手机主叫时的界面显示、语音音量和音质等功能指标。

② 预置条件

手机中插入了可用的测试卡

③ 测试步骤

a．拨打本地固定电话。

b．对方接听来电，通话 1min。

c．对方先挂断电话。

……

【案例分析】

上面的案例中在 GSM 网络的测试环境中检测手机 UMTS 频段功能，测试环境与测试对象不匹配，导致测试无法正常进行，需要对测试环境进行修改。

【修改建议】

1）测试环境

UMTS 网络

2）测试任务

① 测试目的

检测 UMTS 手机主叫时的界面显示、语音音量和音质等功能指标。

……

4.5 如何写使用指导文档

4.5.1 使用指导文档简介

使用指导文档用于指导读者完成某项操作，这种操作具有明确的、有意义的目的，如指导读者完成安装过程、指导读者实现产品中某功能的操作过程。

在使用指导文档中，也可适当出现原理、背景知识的介绍，来帮助读者理解操作的先决条件、操作的缘由。

4.5.2 使用指导文档内容框架

一、引言

一般包括：

- 编写目的：说明该文档的描述对象、内容及作用。
- 文档约定：定义该文档编写过程中采用的各种约定的含义。例如，符号、动作的定义等。

二、术语和缩略语

- 术语：指特定学科的专业用语。

● 缩略语：指以一种书面词或短语的缩减形式来代替整体，达到简化的目的。通常由整体的一部分或多部分删减字母形成缩写。

三、产品概述

描述对象是什么、有什么特点、在什么情况下能用到。

四、功能介绍

描述对象的主要功能点，能给用户带来什么样的收益。

五、操作指导

这是使用指导文档的主体内容，基于用户使用场景，生成任务型的小节，可以包括：

● 安装与准备：描述在使用前可能存在的安装过程，以及在执行操作前，需要准备好的前提条件。

● 基础配置：某些对象在使用前需要进行一定的设置或调试。本部分描述可能存在的这些设置或调试过程。

● 功能操作/任务：根据文档需求分析的结果，提炼出基于场景的任务。在任务中，指导用户完成明确的操作步骤，从而使用户获得预期的利益。

六、常见问题处理

对在以上设置、操作过程中遇见的常见问题进行说明：给出用户能识别的问题特征，分析问题原因，并给出可行的问题解决方法。

4.5.3 使用指导文档写作流程

使用指导文档的写作流程如图 4-18 所示。

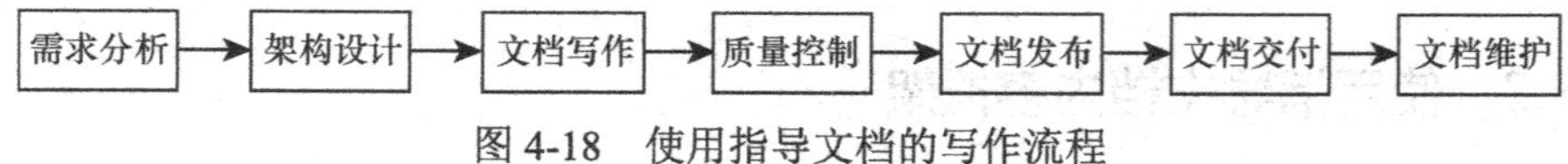

图 4-18 使用指导文档的写作流程

（1）需求分析

需求分析是指站在读者的角度，分析读者希望得到的信息，并将之转换成对文档的需求。

对于使用指导文档，读者的主要需求是得到指导性的信息，帮助读者完成使用过程中的某些操作，如产品的安装方法、使用步骤、维护方式等。

（2）架构设计

为了形成更清晰的文档结构，便于读者快速找到所需的内容，需要先构建知识地图，然后从知识地图产生文档架构。

构建使用指导的知识地图需要熟知读者对象的使用场景、使用步骤和注意事项。只有充分了解文档描述的对象，才能输出全面的知识地图。

详细论述可参见基础篇“2.3 架构设计”，在下节中将会通过实例来阐述文档架构设计的过程。

（3）文档写作

根据架构设计和需求分析的结果来组织文字，完成文档内容的开发。使用指导文档的作者要尤其熟悉描述对象的工作原理、操作过程，并基于实际的环境一边操作、一边完成文档内容的开发。

在开发文档内容的过程中，要注意运用基础篇和进阶篇中的方法和原则，如遵循“2.4.3 写作黄金法则”以及注意“2.5.2 高质量文档三要素”。

（4）质量控制

文档质量控制的方式包括文档审核、文档测试、文档验证。

对于使用文档来说，质量控制环节尤为重要。通过以上三种方式，保证文档中描述的任务操作步骤是读者实际可执行的操作；保证文档中描述的概念和技术细节是准确无误的；保证读者按照使用指导进行操作没有风险。

质量控制环节中发现问题后，须返回给作者进行修改，直至问题闭环。

（5）文档维护

如果使用指导文档描述的对象有更新，或者发现前一个文档版本中有遗漏或错误的，那么需要对文档进行更新和维护。

对文档的一些维护修订可能需要重新进行需求分析和架构设计，而不仅仅是文档写作环节。

4.5.4 使用指导文档写作实例

本节以 FileZilla Client（v3.3.5.1）这款免费常用软件为例，对如何写好它的《使用指导》文档来进行分析。

FileZilla Client 是一款免费的、开源的 FTP 客户端软件。它支持 FTP、SFTP 和 FTPS（FTP Over SSL/TLS）。FileZilla Client 支持多种操作系统，如 Windows、Linux 和 Mac OS X。

FileZilla Client（v3.3.5.1）的主界面如下图所示。

FileZilla Server 是 FTP 服务器端软件，与 FileZilla Client 结合起来使用，本

文不做详细介绍。

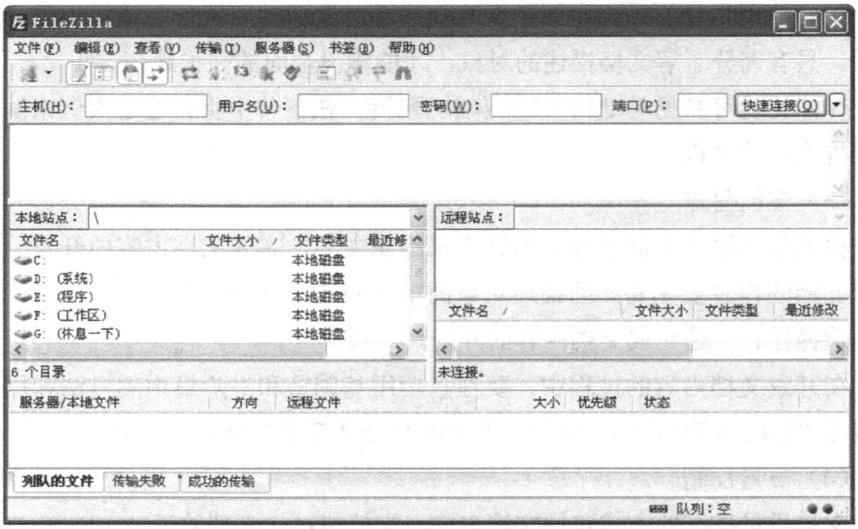

如无特殊说明，下文的 FileZilla 指的是 FileZilla Client（v3.3.5.1）。

4.5.4.1 需求分析

在需求分析时，可采用“继承法”和“借鉴法”继承已有的模板或借鉴成熟的文档。对于使用指导文档，常用的大致框架见表 4-4。

表 4-4 使用指导文档的常用框架

Level 1	Level 2	主题
产品概述		描述对象是什么、有什么特点、在什么情况下能用到
功能介绍		描述对象的主要功能点，能给用户带来什么样的收益
操作指导		
	安装与准备	描述在使用前可能存在的安装过程，以及在执行操作前需要准备好的前提条件
	基础配置	某些对象在使用前需要进行一定的设置或调试。 本部分描述可能存在的这些设置或调试过程
	功能操作/任务	根据文档需求分析的结果，提炼出基于场景的任务。在任务中，指导用户完成明确的操作步骤，从而使用户获得预期的利益
常见问题处理		对在以上设置、操作过程中遇见的常见问题进行说明： 给出用户能识别的问题特征，分析问题原因，并给出可行的问题解决方法

根据文档描述对象实际需求的不同，对以上框架进行增删和改造，可以缩短需求分析的时间。

FileZilla Client 的使用指导文档，读者定位为具有基本计算机操作技术、了解 FTP 服务器技术的人员。

FileZilla Client 的使用指导文档，应包含如下几项内容：

- FileZilla 是什么软件、有什么用途、使用场景是什么；
- FileZilla 的下载和安装过程；
- 操作 FileZilla 连接到 FTP 服务器的步骤；
- FileZilla 软件的一些常用项设置；
- 常见问题处理。

4.5.4.2 架构设计

（1）构建知识地图

完成需求分析后，需要将需求归类分组，形成一个完整的知识地图。在本实例中，知识地图可以被描绘成如表 4-5 所示的 Excel 表格。

表 4-5 知识地图构建要点

Level 1	Level 2	主题
软件概述		
	功能简介	介绍软件实现的功能点
	使用场景	介绍在什么情况下使用该软件，以及使用时需具备什么样的环境
下载和安装		
	下载途径	介绍通过何种方式获取该软件
	安装指导	介绍在本地计算机中安装软件的过程
设置基本功能		
	界面介绍	介绍软件打开后主界面的布局、含义
	设置客户端	介绍在该软件上设置 FTP 客户端的步骤和操作
	连接到服务器	介绍在该软件上连接到 FTP 服务器的步骤和操作
	上传/下载文件	介绍连接到 FTP 服务器后上传/下载文件的步骤和操作

续表

Level 1	Level 2	主题
	使用快捷按钮	介绍常用的快捷按钮的作用和执行效果
设置高级功能		
	管理传输队例	介绍通过多个维度对正在传输的文件队列进行管理
	使用比较过滤功能	介绍比较过滤功能的含义以及使用效果，指导用户使用该功能
	升级软件	介绍在本款软件有升级的情况下，更新本软件的步骤和操作
参考信息		
	常见问题	根据用户的使用场景，提炼出若干个常见问题，并给出可执行的问题解决方法
	参数解释	集中解释上文可能涉及的一些参数、选项的含义

（2）从知识地图产生文档架构

知识地图创建完成后，需要从知识地图中抽取出所需的内容，并自定义层次结构和顺序，制作成读者所需文档的架构。

FileZilla 使用指导文档的总体架构见表 4-6。

表 4-6　　FileZilla 使用指导文档总体架构的要点

Level 1	Level 2	Level 3	主题类型	作者	审核	写作要求
认识篇						
	FileZilla 小档案		概念	张三	李四	介绍在什么情况下使用 FileZilla，以及使用时需具备什么
	FileZilla 功能亮点		概念	张三	李四	介绍 FileZilla 与别的同类软件相比，有哪些突出的特点
基础篇						
	下载并安装 FileZilla		任务	李四	王五	以 Step by Step 的方式介绍通过何种方式获取 FileZilla，并介绍在本地计算机中安装软件的过程
	FileZilla 主界面介绍		概念	张三	李四	介绍打开 FileZilla 后主界面的布局和各个分区的作用

续表

Level 1	Level 2	Level 3	主题类型	作者	审核	写作要求
	设置客户端					
		创建访问站点	任务	李四	王五	以 Step by Step 的方式介绍创建一个新的访问站点的步骤，包括设置地址、协议、端口、名称等。必要时提供截图说明
		设置用户惯用项	任务	李四	王五	以 Step by Step 的方式设置用户惯用项，并举例说明设置完成之后的执行效果。必要时提供截图说明
	连接到服务器					
		快速连接到服务器	任务	李四	王五	以 Step by Step 的方式介绍快速连接到目标 FTP 服务器的操作步骤。必要时提供截图说明
		用站点管理器连接到服务器	任务	李四	王五	以 Step by Step 的方式通过站点管理器来连接到目标 FTP 服务器的操作步骤。必要时提供截图说明
	上传下载文件		任务	李四	王五	以 Step by Step 的方式介绍连接到服务器之后，上传、下载文件的操作步骤
	在线编辑文件		任务	李四	王五	以 Step by Step 的方式介绍在服务器上编辑文件的操作步骤
技巧篇						
	使用文件夹比较功能		任务	王五	张三	介绍文件夹比较功能的含义，并以 Step by Step 的方式介绍设置该功能的操作步骤，最后举例给出使用效果
	使用文件名过滤功能		任务	王五	张三	介绍文件名过滤功能的含义，并以 Step by Step 的方式介绍设置该功能的操作步骤，最后举例给出使用效果
	导入/导出系统信息		任务	王五	张三	以 Step by Step 的方式介绍导入/导出系统信息的操作步骤

续表

Level 1	Level 2	Level 3	主题类型	作者	审核	写作要求
	管理传输队列		任务	王五	张三	以 Step by Step 的方式介绍通过多个维度对文件队列进行属性设置，并举例介绍属性设置完成后对队列的影响
排障篇						
	为何连接不到服务器		参考	张三	李四	分析出可能的原因，并给出可执行的排障方法和步骤
	出现乱码的解决方法		参考	张三	李四	分析出可能的原因，并给出可执行的排障方法和步骤
	文件传输超时的解决方法		参考	张三	李四	分析出可能的原因，并给出可执行的排障方法和步骤

4.5.4.3 文档写作

在本例中，采用基础篇介绍的“2.4.2 写作 6 步法”快速写出使用指导文档的初稿，然后不断完善。

（1）准备与学习

收集 FileZilla 的相关信息和介绍，下载相应版本的软件安装，并设置一个 FTP 服务器，使之与计算机相连。

在这一步中，可以了解 FileZilla 的功能和亮点，熟悉下载和安装该软件的方法，并知道正常使用 FileZilla 的前提是 FTP 服务器运行正常，且本地计算机与之通信正常。

（2）确定写作目标

架构中的 4 个章节按照人认知事物由浅入深的规律来编排，符合认知的逻辑。“认识篇”用于满足需求中的“产品概述”和“功能介绍”，“基础篇”和“技巧篇”用于满足需求中的“操作指导”，“排障篇”用于满足需求中的“常见问题处理”。

以“创建访问站点”为例，写作目标就是设置想要访问的目标 FTP 服务器的相关参数，使本地计算机能够成功登录到目标 FTP 服务器上。

（3）分节写作

先选择素材条件完备、容易完成的主题内容来写作，这里先选择“创建访问站点”。

（4）确定逻辑顺序

“创建访问站点”的逻辑顺序是“新建站点→指定地址→配置用户名和密码→执行连接操作”。

（5）快速写作

根据“创建访问站点”小节的目标和写作逻辑，快速完成本小节的写作，如下：

> 首先打开主界面第一个图标按钮，再单击“新站点”选项，输入主机地址和端口号，最后键入用户名和密码即可连接服务器。
>
> 可以点击“重命名”来修改站点的名称。单击“复制”选项来复制一个站点。单击“删除”选项来删除一个站点。你还可以选择在注释框中进行注释和说明。

通过不断地分节写作，即可形成 FileZilla 使用指导文档的全文初稿（内容略）。

（6）不断完善

以下从实用性和可读性方面对初稿进行不断完善。

写好使用指导文档的关键是注重实用性和可读性，其中实用性具体包含如下要求。

- 安全第一：操作步骤的设置及内容需遵守安全原则。
- 内容准确：操作步骤必须和读者在操作时看到的内容一致，包括过程、图形元素及其他文档细节。
- 内容完整：包含读者所需要的完整信息。

实用性和可读性的具体要求可参见“3　进阶篇”。

① 安全第一

文档作者应在必要的地方提醒读者注意相关安全事项。例如在“下载并安装 FileZilla”一小节中，应该在开头写明安全注意信息：

注意：强烈建议在 FileZilla 的官方下载页面（http://filezilla-project.org/download.php）下载安装程序，避免安装程序被植入病毒或后门程序。

② 内容准确

- 确保信息的一致性

例如，在“FileZilla 主界面介绍”中，首先要确保手册中界面的语言与用户使用的一致，即使用指导文档的语言要和界面中的语言一致。

如下图所示，在截图介绍 FileZilla 主界面时，对界面布局中的各个窗口的一般功能进行说明即可，不需要特别对地址、文件夹进行说明，因为读者能看到的实际信息与文档作者是不同的。

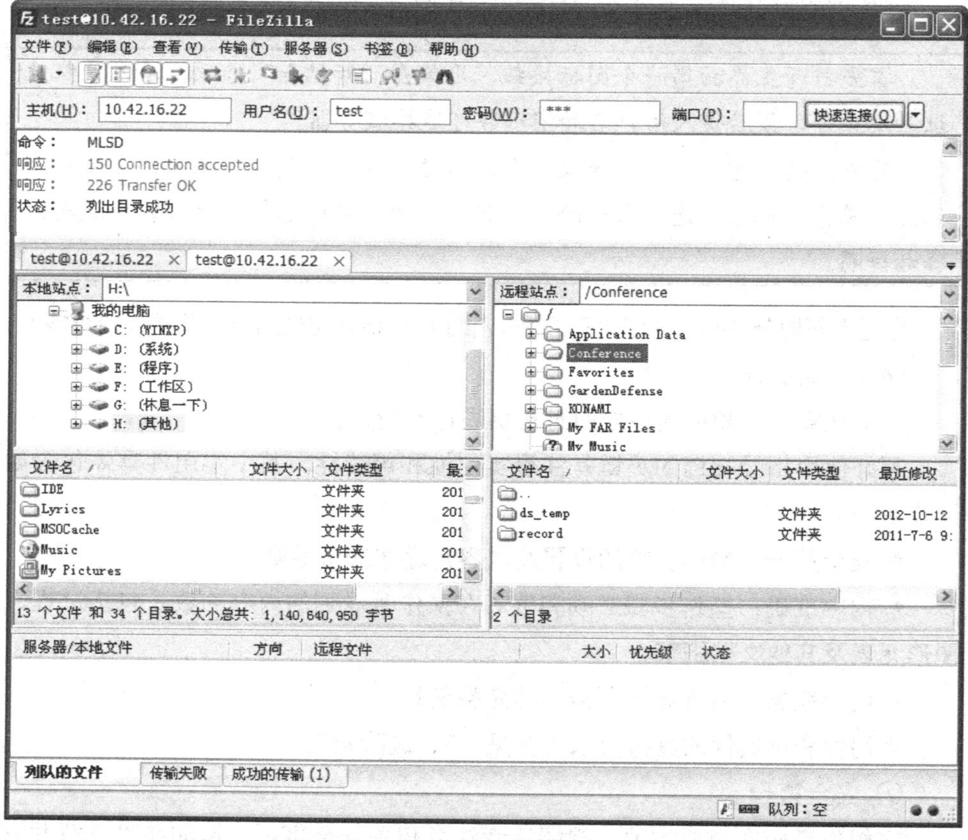

- 紧跟版本变化

编写文档时要尽量避免因版本变化导致文档中操作方法和界面与实际不同。因此有必要在文档开头指明本使用指导所对应的 FileZilla Client 软件版本号，例如：

本文档适用于 FileZilla Client v3.3.5.1。

当 FileZilla Client 软件因版本更新新增了功能或改变了界面、操作方法时，应及时更新使用指导的内容，并注明对应的版本号。

③ 内容完整

下面以“创建访问站点”为例来描述如何确保内容的完整性。

“创建访问站点”的初稿如下：

> 首先打开主界面第一个图标按钮，再单击“新站点”选项，输入主机地址和端口号，最后键入用户名和密码即可连接服务器。
>
> 可以单击“重命名”选项来修改站点的名称。单击“复制”选项来复制一个站点。单击“删除”选项来删除一个站点。你还可以选择在注释框中进行注释和说明。

以上描述对于“创建访问站点”来说，主要有以下内容缺失：

- 对站点的编辑功能介绍缺失，只介绍了“重命名”、“复制”、“删除”3 个，而实际读者能看到 6 个，因此如果安排这些功能按钮的说明，则需介绍完整。
- 缺少对服务器类型的说明：界面上有，但文中没有进行说明。虽然有缺省值，但可以作为补充说明信息，介绍在何时需要做出不同的选择。
- 缺少对登录类型的说明：界面上有，但文中没有进行说明。虽然有缺省值，但可以作为补充说明信息，介绍在何时需要做出不同的选择。

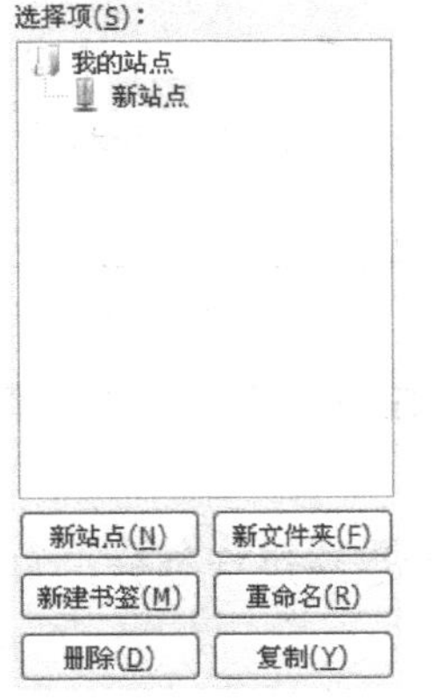

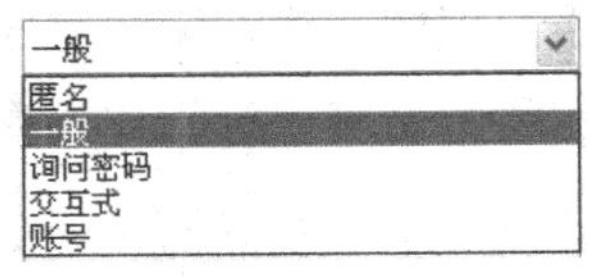

- 只介绍了“通用”页签，没有对“高级”、“传输设置”和“字符集”进行说明。后三个页签是不常用的设置，可在文档中加以说明：

> 一般使用“高级”、“传输设置”和“字符集”中的缺省设置。

● 为了使一篇面向任务的使用指导文档完整，可按照以下信息块来组织内容：标题、简介、前提、步骤、举例、相关任务。

在本例中需要增加“简介”、“前提”和“相关任务”的描述：

简介

创建访问站点，并设置登录的用户名和密码，便于下次快速连接到目标服务器。

前提

FileZilla 软件安装完毕，运行正常。

本机与服务器的网络连接正常。

相关任务

- 设置用户惯用项
- 快速连接到服务器
- 用站点管理器连接到服务器

④ 确保可读性

下面仍以“创建访问站点”为例来描述如何确保可读性。

“创建访问站点”的初稿如下：

首先打开主界面第一个图标按钮，再单击“新站点”选项，输入主机地址和端口号，最后键入用户名和密码即可连接服务器。

可以单击“重命名”选项来修改站点的名称。单击“复制”选项来复制一个站点。单击“删除”选项来删除一个站点。你还可以选择在注释框中进行注释和说明。

● Step by Step

任务主要信息是操作步骤，如果步骤不清晰或者步骤的顺序不正确，将会使用户理解错误，无法完成任务。

将上文第一行指导操作的语句按照“Step by Step”的思路进行划分，如下：

1. 单击主界面第一个图标按钮。
2. 单击“新站点”选项。
3. 输入主机地址和端口号。
4. 输入用户名和密码。
5. 单击“连接”按钮连接到服务器。

● 规范用语，前后一致

注意词汇、术语的使用前后一致，不能引起读者困惑。

– 将“打开”和“点击”统一改为“单击”

“打开”、“单击”表述不清，不知道是左击还是右击，单击还是双击。一般情况下“单击”表示左击。

– 将“键入”改为“输入”

其实这两个词表达的是同一个意思，但在一篇文档中，建议统一风格，不要让读者去猜测两个不同词之间是否有不同含义。

● 简洁易懂，避免歧义

– 将复杂文字简洁化

“你还可以选择在注释框中进行注释和说明。”可以改为“可在注释框中给当前站点添加注释”。

– 将“主机地址”改为“FTP 服务器地址”

输入的地址是目标 FTP 服务器的地址，因此用“主机”容易让读者误认为是客户端的地址。

● 善用图、表

适当使用图、表是提升可读性的重要途径。

例如，可以在步骤中加入适当的按钮和界面图来帮助说明：

1. 单击主界面第一个图标按钮，打开“站点管理器”页面，如下图所示。

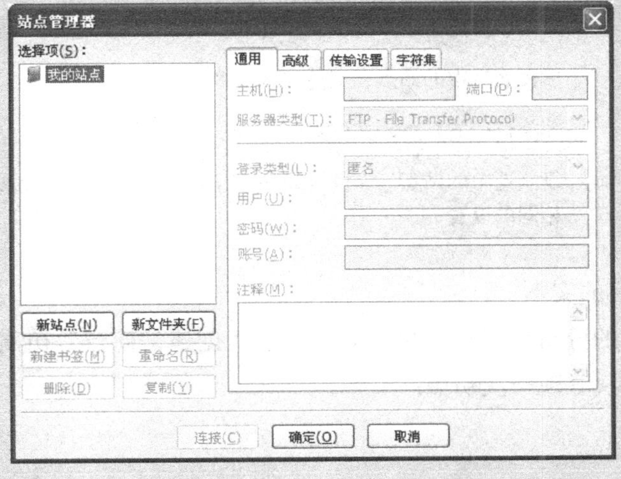

2. 单击“新站点”选项。

3. 输入主机地址和端口号。

4. 输入用户名和密码，如下图所示。

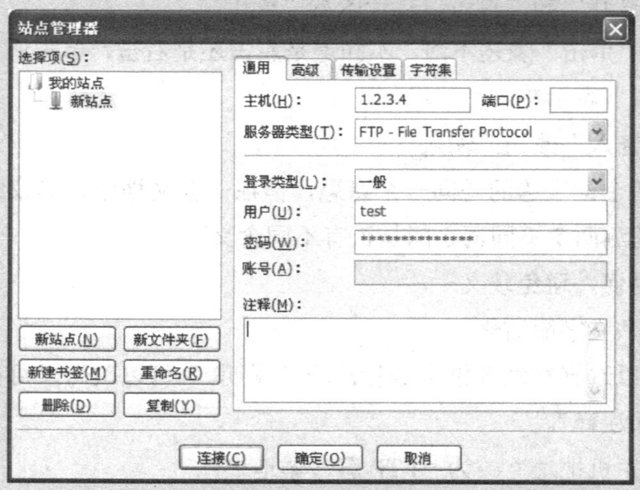

5. 单击“连接”按钮连接到服务器。

在描述编辑站点的功能按钮时，可以采用表格形式，如下：

按钮	功能
新站点	新增一个全新站点，站点的信息需要用户输入
新文件夹	按照资源管理器的方式将站点归类。如果选中文件夹后再单击“新站点”，则新增站点出现在该文件夹子目录中
新建书签	对一个站点记录本地目录和远程目录的具体路径
重命名	重命名选中的站点、文件夹或书签
删除	删除选中的站点、文件夹或书签
复制	复制选中的站点、文件夹或书签，复制出来的对象与原对象拥有完全相同的设置

⑤ 修改后的案例

综合上面的分析和优化结果，对原来的“创建访问点”初稿进行优化。为方便比较，再次呈现一次初稿：

创建访问站点

首先打开主界面第一个图标按钮，再单击“新站点”选项，输入主机地址和端口号，最后键入用户名和密码即可连接服务器。

可以单击“重命名”选项来修改站点的名称。单击“复制”选项来复制一个站点。点击“删除”选项来删除一个站点。你还可以选择在注释框中进行注释和说明。

修改后的文档如下：

创建访问站点

简介

创建需访问的站点（服务器），并设置用于登录的用户名和密码，便于下次快速连接到目标站点。

前提

FileZilla 软件安装完毕，运行正常。

本机与站点的网络连接正常。

步骤

1. 单击主界面左上角第一个图标按钮，打开“站点管理器”页面，如下图所示。

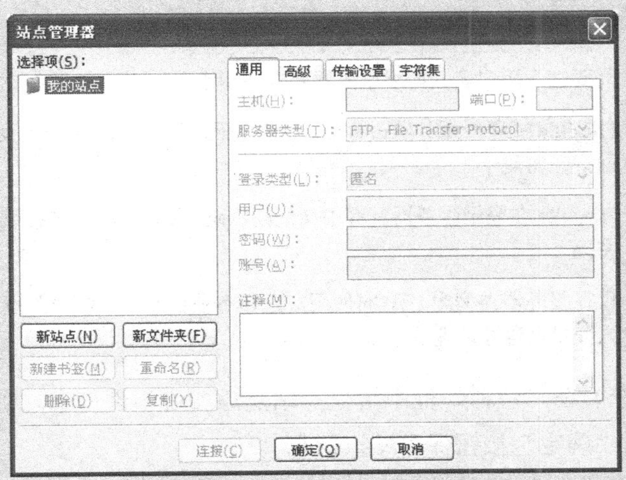

2. 单击“新站点”按钮，新建一个想要连接的站点。

可以根据需要修改站点的名称，如“一号宿舍”。

3. 在窗口右边“通用”页签中，输入目标站点的 IP 地址，本例为“192.168.10.20”，并选择服务器类型。

“端口”一项建议空白，除非使用非标准协议。

服务器类型有 4 种，此处的选择项与目标站点使用的协议一致。

4. 选择登录类型，并输入用于登录站点的用户名和密码，如下图所示。

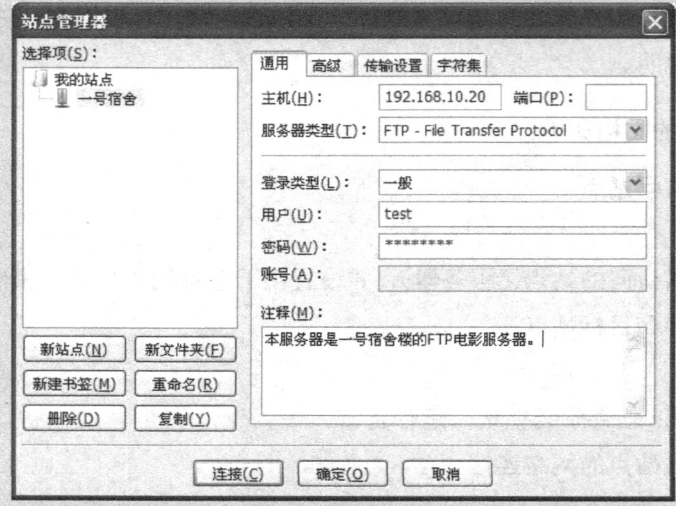

其中登录类型有 5 种，其含义如下表所示。

登录类型	说明
匿名	不能输入用户名和密码，此时用户名被固定为“anonymous”
一般	需要输入用户名，如果服务器要求使用密码，则再次还需设置对应的密码
询问密码	FileZilla 在登录服务器过程中会询问密码，并且在断开与此服务器的连接之前记住密码
交互式	FileZilla 在登录服务器过程中会询问密码，并且在每次连接服务器时都询问密码
账号	仅在服务器类型为 FTP 时使用。选择本项会激活“账号”设置框，需要输入账户名称才能登录

5.（可选）在“注释”框中给当前站点添加说明性信息。

6. 单击“确定”按钮保存站点信息。

如果单击“连接”按钮，即可直接连接到该站点。

相关任务

- 设置用户惯用项
- 快速连接到服务器
- 用站点管理器连接到服务器

4.5.5 使用指导文档写作要点

（1）认真分析用户任务

使用指导文档的主体内容是用户任务，在开发文档前，一定要先了解用户的原始需求，提炼出贴近用户的任务。文档围绕用户任务展开编排，才能满足用户的文档需求。

例如，用户在使用 FileZilla 软件时，首先要满足用户连接到 FTP 服务器、上传下载文件的这个需求，那么文档作者就要加强这方面任务场景的分析和任务设置。案例中的文档节点“设置客户端”、“连接到服务器”、“上传下载文件”就是基于此任务场景分析得到的。

（2）先架构、后内容

准备编写一个使用指导文档时，不要急于对内容进行直接编写，需先对文档需求做好分析，根据分析结果形成知识地图，再从知识地图得到文档架构，明确文档的目录结构、章节的名称。

建议在开发文档架构时，简要写出每章、每节想要开发的主题，方便给后期开发内容时提供帮助。

（3）借助恰当的图、表传递信息

在描述操作步骤时，可以适当插入图形来指导读者，图形具有直观明了的优点。注意，文档中的图应该和读者能得到的内容保持一致（如界面操作指导），否则会引起读者的怀疑而无法继续操作。

在描述操作步骤时，可以使用表格来对复杂的信息进行说明，如解释步骤中的命令参数、选项含义等。

（4）勿忘质量控制，形成文档写作的闭环

文档作者在完成写作之后，应首先通读一遍文档，保证不出现明显的、低级的错误。然后文档应至少再传递给另一个人进行文字和内容正确性审核（同行评审）。审核意见需返回给原作者修改。这个流程有时需重复若干次，以保证文档内容准确无误。

4.5.6 使用指导文档常见问题

（1）架构没有面向实际任务（×）

【错误案例】

架构设计成：

```
1．服务器管理
2．传输管理
```

【案例分析】

描述 FileZilla 的两个主要功能时，此架构没有面向实际任务，让读者读起来很费解，很难与自己想要做的事联系起来。

【修改建议】

改成以下基于实际任务的形式效果更佳。

```
1．上传与下载
   1.1 连接 FTP 服务器
   1.2 上传/下载文件
```

（2）任务命名含义不明（×）

【错误案例】

某个任务被命名为"使用连接功能"。

【案例分析】

任务的命名含义不清晰，表意不明，读者不明白这个任务是想要做什么。

【修改建议】

修改为"连接 FTP 服务器"。

（3）基础信息和实际操作混合（×）

【错误案例】

某文档架构如下：

```
1．常用功能介绍
   1.1 FileZilla 功能介绍
   1.2 FileZilla 安装过程
   1.3 连接到服务器
   1.4 设置客户端
```

【案例分析】

任务与基础信息放在一起写，不突出。建议分开。

【修改建议】

将任务与基础信息架构分开。

```
1．FileZilla 简介
   1.1 FileZilla 功能介绍
   1.2 FileZilla 安装过程
2．快速入门
   2.1 连接到服务器
   2.2 设置客户端
```

4.6 如何写故障处理文档

4.6.1 故障处理文档简介

故障处理文档通常在产品开发的后期完成，用于传递如何分析故障、解决故障的技能。根据使用者的不同可以大体分为两类。

一类由文档开发人员完成，使用者是用户。

另一类由售后专家完成，使用者是售后工程师或维修工程师。

4.6.2 故障处理文档内容框架

故障处理文档通常会按照故障分类分章节，每一个章节包括相同的【故障现象】、【故障原因】、【处理步骤】几部分。

一、引言

一般包括编写目的和文档约定格式的说明。

二、术语、定义和缩略语

三、概述

故障处理通用流程：描述和具体故障无关的通用操作流程，也包括故障申报流程。

故障分类：从多个维度描述故障的分类方式。需要说明本文档划分章节时使用的方式。

四、故障处理指导

4.1 A 类故障处理指导

4.1.1 A 类故障 1

4.1.2 A 类故障 2

4.2 B 类故障处理指导

4.2.1 B 类故障 1

4.2.2 B 类故障 2

说明：

本章起为每个故障的具体处理指导。故障数量较少时，可以一个故障的内容作为一章。当故障数量较时，可以按类型分章节进行描述，便于读者快速查询。

<（只针对专业用户）故障点和对系统的影响>

本部分只针对专业用户，针对终端用户的文档无需写作。

本部分描述故障点在系统中出现的位置，和其他模块的交互关系，对系统正常运行的影响等。

<故障现象>

本部分要详细描述从读者角度看到的故障现象。

<故障原因>

本部分列出导致上述故障的原因有哪些，通常按照出现概率，重要程度排列。

对于小家电，因为导致某些故障的原因非常明确，能完全肯定，通常命名为“故障原因”。

对于系统产品，因为导致某些故障的原因比较多，有一些不确定因素，命名为“可能原因”更严密。

<处理步骤>

本部分通常按照 Step by Step 的方式写作操作步骤。

五、参考资料

4.6.3 故障处理文档写作流程

故障处理文档写作流程如图 4-19 所示。

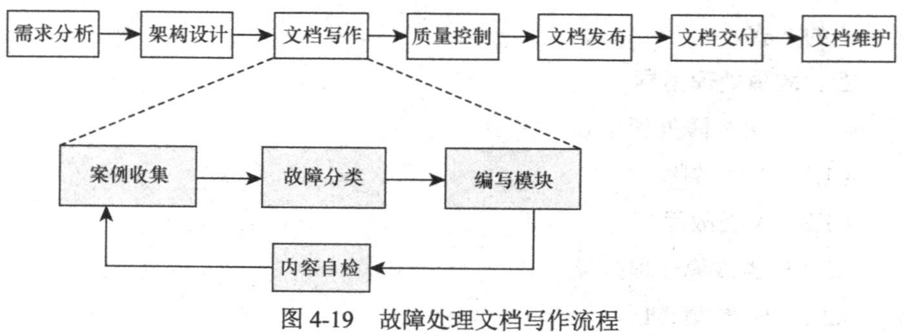

图 4-19 故障处理文档写作流程

4.6.3.1 案例收集

可以作为故障案例收集的有以下几类文档：

- 产品研发人员提供的系统已知问题的规避措施；
- 测试工程师进行产品测试过程中积累的故障案例总结；
- 售后维护工程师积累的经验总结；
- 用户的故障申报处理记录。

通过分析和筛选，选择出适合传递给读者的故障案例。例如，对于路由器产品，使用调试命令才能解决的故障，就无需传递给普通读者，因为调试命令的模块是不向普通读者开放的。

4.6.3.2 故障分类

在本阶段，需要对已经搜集到的故障案例进行合理分类，细化文档架构，并确定每一个模块的写作风格。

故障处理文档的架构通常和故障分类方式一致。故障分类方式通常用以下两种：

- 根据故障现象；
- 根据故障原因。

将故障现象”转化到“故障原因”是归纳和分析的过程。这两种分类方式的使用场景不同。

- 针对终端用户的文档，根据故障现象分类。

终端用户不具备专业知识，通常建议根据故障现象划分章节。因为如果根据故障原因划分章节，用户不清楚自己遇到的故障是什么原因造成的，会查找不到所需内容。

- 针对专业用户的文档，根据故障原因分类。

专业用户具备一定的专业知识，可以考虑根据故障原因划分章节，而且很多不同故障的故障原因和故障处理方法是相同的，可以合并。在文档开头，需要有“故障现象→故障原因”对应表，让用户可以以故障现象为入口，查找到对应内容。

4.6.3.3 编写模块

在本阶段，要根据文档架构和故障案例，输出故障文档的初稿。

（1）故障现象

故障现象即用读者语言描述的最表向的现象，内容要从读者角度出发，不能从作者角度出发。

如以下例子是一个从读者角度出发，描述准确的故障现象。

举例：某即时通信软件，登录后，不管用什么排序方式，显示的联系人数都为 0。

（2）故障原因

故障原因只回答“是什么原因”不回答“为什么是该原因”。通常使用项目列表的格式。

例如，某洗衣机的“进水缓慢”的“故障原因”如下：

- 进水阀过滤网罩积有污垢，堵塞了进水网眼；
- 进水管受损或密封不严产生漏水；
- 进水阀的进水腔中有杂物；
- 进水阀变形。

（3）处理步骤

本模块采用 Step by Step 的写作方式，指导读者如何排查和消除故障。

- 使用流程图。复杂的流程推荐使用流程图，配合文字进行说明。
- 用跳转步骤区分不同结果。故障处理步骤可采用跳转步骤的方式，针对不同的结果指明下一步如何操作。避免出现“是”、“否”后没有标准答案，让读者不知道应该“是”还是应该“否”。
- 用大步骤和子步骤的方式描述复杂步骤。可按照排除故障原因的顺序描述大步骤，在大步骤下面再描述具体的子步骤。合并和拆分步骤的标准是同级步骤（子步骤）最好不超过 7 个，最多不超过 9 个，步骤过多会影响文档指导性。

4.6.3.4 内容自检

写作完成之后，为确保文档质量，必须对文档内容进行自检。

自检内容可包括：

- 通读全文，修改文字、格式、标点方面的错误；
- 确认文档中的关于产品的描述和产品版本一致；
- 写作过程中未确认的遗留问题已经解决；
- 排障思路是否清晰易理解；
- 操作步骤是否完整。

4.6.4 故障处理文档写作实例

4.6.4.1 案例收集

例如已经搜集到以下一些故障的案例：

1.1 死机
1.2 重启
1.3 屏幕锁定无法操作
1.4 无法开机
1.5 无法拍照
1.6 无法拨打电话
1.7 无法接听电话
……

4.6.4.2 故障分类

通过分析，发现有些故障是相同的处理步骤，因此，可以在显著位置提供如下的分类表格：

故障现象	标题
死机 重启 屏幕锁定无法操作 不开机	死机、重启、无法开机
不能拍照	拍照功能无法使用
不能接听电话 不能拨打电话	电话功能无法使用

根据以上分析，文档目录如下：

1.1 死机、重启、无法开机
- 故障现象

- 故障原因
- 处理步骤

1.2　拍照功能无法使用

- 故障现象
- 故障原因
- 处理步骤

1.3　电话功能无法使用

- 故障现象
- 故障原因
- 处理步骤

4.6.4.3　编写模块

死机、重启、无法开机

- 故障现象

◆ 在正常使用过程中，手机死机。

◆ 在正常使用过程，系统重启。

◆ 电池有电的情况下，无法开机。

◆ 在正常使用过程中，手机屏幕锁定，无法进行任何操作。

◆ 故障原因

以上故障通常是手机中安装的第三方软件导致的。

- 处理步骤

1. 通过硬件复位键，或者重新放入电池重开机。
2. 恢复出厂设置（采用了分支步骤）。

◆ 如果能重新开机，则在【设置】菜单中的进行【恢复出厂设置】操作。（选择一）

◆ 如果无法重新开机，则进入 recovery 模式，选择【wipe data/factory reset】恢复出厂设置。（选择二）

进入 recovery 模式的方法请参考本手册“如何进入 recovery 模式？”

3. 按住 menu 键+开关机键，直到屏幕左下角出现【安全模式】字样，进入安全模式。

4．在安全模式下，卸载可能引起故障的第三方软件，然后重启。

5．如果手机仍然存在故障，建议对手机进行软件版本升级。

软件版本升级的方法请参考本手册“如何升级软件版本？”

6．如果软件版本升级后，手机仍然存在故障，请联系当地售后代理处理。（操作闭环）

4.6.5 故障处理文档写作要点

一篇优秀的故障处理文档，应该符合以下一些要点。

（1）标题准确

不能为了追求简洁和文字规整而含义模糊，例如把“将本地文档上传到服务器指定目录”缩短为“上传文档”。要做到使读者根据标题能准确定位到所需内容。

（2）提供适当的链接

系统产品中，某些故障的处理步骤与告警处理相关，可以链接到告警处理中。或者某些相关的故障，可以互相设置为“相关操作”。

（3）处理步骤要可执行

处理步骤要避免出现读者无法执行或者无权限执行的步骤，例如请读者“自行更换零配件”。

（4）处理步骤必须闭环

不能假设读者都具备丰富的专业知识，可以分析出字面没有指引的部分。

（5）文字精练

读者查阅时间有限，文字一定要精练。专业术语、技术原理，可采用链接或索引的方式，指引到专门的章节。

（6）语言风格适合读者对象

针对常用软件、小家电、电子产品、终端设备等用户的，要深入浅出，尽量“傻瓜式”。

针对专业软件、专业机械、系统设备的操作维护人员的，可以专业性较强。

4.6.6 故障处理文档常见问题

（1）标题不适合读者对象（×）

【错误案例】

某洗衣机的《常用故障处理》部分标题。

1.1　滚桶和盛水桶之间有异物

1.2　主电源开关故障

1.3　离合器故障

1.4　电机运转不正常

1.5　水位传感器故障

【案例分析】

洗衣机作为家用电器，对读者的专业知识没有要求。

因此故障处理文档不能假设读者有专业知识背景，使用“离合器”、“电机”、“传感器”这些专业术语。

这样的标题不符合优秀文档“易于索引”的要求。

【修改建议】

洗衣机的《常用故障处理》，使用以下标题更优。

1.1　机器无法启动

1.2　不进水

1.3　不排水

1.4　甩干时噪声大

1.5　洗衣时滚筒只往一个方向转动

（2）故障现象与故障原因混淆（×）

【错误案例】

例 1：某品牌洗衣机的故障处理文档，故障现象为：进水阀过滤网被堵塞，导致进水缓慢。

例 2：某即时通信软件的故障处理文档，故障现象为：在好友群组中，显示好友丢失。

例 3：某通信设备的故障处理文档，故障现象为：SDH 业务数据配置错误。

【案例分析】

故障现象应为读者可直接感知到的比较直观的表象，而不是隐藏在现象背后的原因。比如读者可通过肉眼观察，或者通过听觉感受到是故障现象，经过深入的检查和分析才能找到的故障原因。

作者由于具备专业知识，觉得故障现象后面的故障原因是一目了然的，所以常常把故障现象和故障原因混为一谈。

例如：

计算机无法上网是故障现象，而网卡驱动程序未安装属于故障原因。

固定电话摘机后听不到拨号音是故障现象，而电话线连接松动是故障原因。

【修改建议】

举例中的故障现象描述，可以修改为以下内容：

例 1：接通电源后，洗衣机进水缓慢或者不进水。

例 2：登录后，不管用什么排序方式，显示的联系人数都为 0。

例 3：业务中断；语音业务出现杂音，以太网业务出现丢包。

（3）故障处理步骤不闭环（×）

【错误案例】

某电源设备出现了“输入电压异常”的告警。

故障处理过程：

① 测量交流输入电压。

② 如果输入电压高于 110V 低于 176 V，请根据“输入欠压”的告警建议处理。

③ 如果输入电压高于 276 V，请根据“输入过压”的告警建议处理。

④ 若故障未解决，请更换市电输入模块或联系技术支持人员进行维修。

【案例分析】

该电源设备正常工作的输入工作电压为 176 V～276 V，低于 110V 为“输入低压”，110V～176 V 为“输入欠压”，高于 276 V 为“输入过压”。

按照以上文字，可画出下面的流程图。图中“？”处是应该提供指引，但没有指引的地方。处理流程无法闭环。

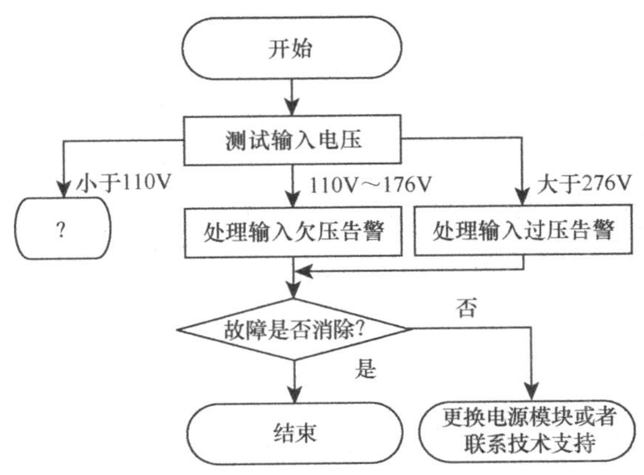

【造成原因】

可能是产品知识欠缺，作者在写作过程中遗漏了一种可能的情况。

【修改建议】

故障流程中涉及的步骤如下。

① 测量交流输入电压。

- 如果输入电压高于 110V 低于 176 V，请根据“输入欠压”的告警建议处理。
- 如果输入电压高于 276 V，请根据“输入过压”的告警建议处理。
- 如果输入电压低于 110 V，请根据“输入低压”的告警建议处理。

② 若故障未解决，请更换市电输入模块或联系技术支持人员进行维修。

附录　主题类型

根据技术文档的内容特点，一般将主题分为概念（Concept）、任务（Task）和参考（Reference）3 种基本类型。

5.1 概念（Concept）

概念主题回答“是什么”的问题，提供读者能成功操作、维护、使用一个产品或者界面所必需知道的背景信息。

概念主题一般包含以下内容。

- 标题：描述主题的中心内容。通常使用名词或名词词组。
- 简介：描述本主题的编写目的或者主要内容。
- 段落：分段落描述正文内容。

典型的概念主题举例如下：

- 手机功能；
- 手机工作原理；
- 遥控器面板；
- 电视机指示灯状态；
- 电视机接口和按键；
- 电视机的指标参数。

概念主题的内容示例如附图 1 所示。

服务器端软件配置要求

服务器端的软件配置参见表1-3。

表1-3 服务器端软件配置要求

软件名称	配置要求
操作系统	Windows 2003 Server（SP2及以上，32位操作系统）/Windows 2008 Server。
数据库	Microsoft SQL Server
冗余方案软件	Veritas Storage Foundation High Availability Solutions 5.1 SP1

附图 1 概念主题的内容示例

NOTE 说明

- Windows服务器的标准配置：Windows Server 2008（64位）+SQL Server 2008（64位）。
- 如果Windows服务器的内存大于4G，则需要配置企业版操作系统和企业版Veritas双机软件。

附图 1 概念主题的内容示例（续）

5.2 任务（Task）

任务主题回答“如何做”的问题，通过 Step by Step 的方式描述完成一个特定任务所需的方法和步骤。

任务主题一般包含以下内容。

- 标题：描述主题的中心内容。通常使用动宾结构的短语作为标题。
- 简介：描述本主题的编写目的或者主要内容。
- 前提：描述执行任务前的准备，包括需要准备的工具、文件、基础配置和预先规划的数据。
- 相关信息：包括但不限于背景知识、任务的简单流程。
- 步骤：步骤通常分为固定顺序步骤、可选步骤、分支步骤和子步骤。用 Step by Step 的方式描述完成一个特定任务所需的方法和步骤。
- 结果：描述任务直观的结果和验证方法。
- 举例：描述实例的数据规划或者实例的场景，以及对应的步骤。

典型的任务主题举例如下：

- 安装电视机；
- 处理手机黑屏故障。

任务主题的内容示例如附图 2 所示。

安装防静电手环

防静电手环安装在子架的防尘插箱上，使操作设备人员接地，保护设备的静电敏感装置和印刷线路板。

前提

在安装防静电手环前，按如下要求进行安装前检查。

- 确认子架已经在机柜中安装完毕。
- 确认防尘插箱已经安装在子架中。

步骤

1. 将防静电手环的插头插入防尘插箱上的防静电手环插孔内，如图4-7所示。

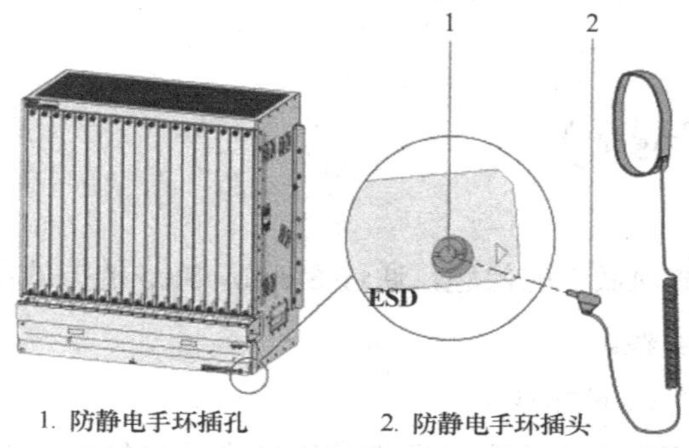

图4-7 安装防静电手环示意

2. 将防静电手环挂在机柜侧门内侧的挂钩上。

 注意！

不使用防静电手环时，应将手环挂在机柜侧门内侧的挂钩上，防止手环线缆与尾纤缠绕。

— 步骤结束 —

附图 2 任务主题的内容示例

5.3 参考（Reference）

参考主题用于描述产品或技术中特性结构比较一致的主题，如变换表、语法规则、消息说明及参数说明等。

参考主题一般包含以下内容。

- 标题：描述主题的中心内容。
- 简介：描述本主题的编写目的或者主要内容。

- 区段：用来描述主题中的多个并列的信息子集。如果主题只有一个信息子集，不需要使用区段。
- 范例：描述实例的数据规划或者实例的场景以及对应的步骤。

典型的参考主题举例如下：

- 命令行；
- 界面手册；
- 告警码；
- 性能指标说明；
- 参数说明；
- 失败原因说明。

参考主题的内容示例如附图 3 所示。

ftp-server enable

命令功能

开启FTP SERVER功能。使用no命令关闭FTP SERVER。

命令模式

全局配置模式

命令默认权限级别

15

命令格式

ftp-server enable [listen <port>]

no ftp-server enable

命令参数解释

参数	描述
<port>	进行监听的端口号，范围：2401-2420和21

缺省

默认对端口21进行监听。

使用说明

只能对没有使用的端口进行监听，包括本地的和远端。

范例

开启对2405端口的FTP SERVER功能：

```
ZXR10 (config) #ftp-server enable listen 2405
```

附图 3　参考主题的内容示例